Н.И. Пращук

СБОРНИК ДИКТАНТОВ

ДЛЯ ИЗУЧАЮЩИХ РУССКИЙ ЯЗЫК КАК ИНОСТРАННЫЙ

Элементарный и базовый уровни

Второе издание, стереотипное

РУССКИЙ ЯЗЫК КУРСЫ

МОСКВА

2014

УДК 811.161.1
ББК 81.2 Рус-96
П70

П70 **Пращук, Н.И.**
Сборник диктантов для изучающих русский язык как иностранный.
Элементарный и базовый уровни / Н.И. Пращук; под ред. канд. пед.
наук Т.И. Трубниковой. — 2-е изд., стереотип. — М.: Русский язык.
Курсы, 2014. — 136 с.

ISBN 978-5-88337-182-9

Пособие предназначено для иностранцев, начинающих изучать
русский язык под руководством преподавателя или самостоятельно.
Оно может быть использовано в качестве сопроводительного курса
к учебникам русского языка как иностранного для начального этапа
обучения. Предложенная в сборнике система диктантов способствует
развитию у студентов навыков аудирования и письма.

Пособие состоит из 46 уроков (в двух частях: для студентов и для
преподавателя) и снабжено компакт-диском.

УДК 811.161.1
ББК 81.2 Рус-96

ISBN 978-5-88337-182-9

ПРЕДИСЛОВИЕ

Учебное пособие «Сборник диктантов для изучающих русский язык как иностранный» можно использовать в качестве дополнения к учебникам русского языка для начального этапа обучения. Сборник включает две части: для студентов и для преподавателя; состоит из 46 уроков и компакт-диска с записью всех уроков. Пособие может быть использовано как на занятиях под руководством преподавателя, так и в самостоятельной работе учащихся. В заданиях первой части (для студентов) пропущены окончания, слова и предложения, которые студент должен вписать, слушая материал с диска. И тогда вторая часть пособия (для преподавателя), где весь материал дан без пропусков, будет являться ключом к заданиям.

Пособие базируется на лексико-грамматическом материале элементарного и базового уровней обучения и предполагает его закрепление. На материале пособия параллельно и взаимосвязанно развиваются навыки аудирования и письма. Предложенная в сборнике система диктантов обеспечивает восприятие иностранными учащимися целостного текста на слух и его запись уже на раннем этапе изучения русского языка. Впоследствии студенты легко переходят к изложению объёмного текстового материала с заданиями творческого характера. Система диктантов сборника также облегчит студентам выполнение различных форм тестовых заданий.

Содержание упражнений пособия вызывает интерес учащихся, а грамматическая форма не мешает пониманию и восприятию текста на слух. Уровень сложности заданий постепенно возрастает за счёт увеличения объёма фраз и текстов, а также за счёт ускорения темпа речи.

Автор выражает глубокую благодарность старшему преподавателю кафедры русского языка повышения квалификации и стажировок ЦМО МГУ имени М.В. Ломоносова М.Н. Маковой за ценные замечания, учтённые в работе над пособием.

МЕТОДИЧЕСКИЕ РЕКОМЕНДАЦИИ

«Сборник диктантов для изучающих русский язык как иностранный» является сопроводительным курсом к учебникам русского языка для начального этапа обучения. Пособие может быть использовано как на занятиях под руководством преподавателя, так и в самостоятельной работе учащихся, но обязательно после изучения вводно-фонетического курса. Тексты и задания пособия базируются на лексико-грамматическом материале элементарного и базового уровней владения русским языком и предполагают его закрепление, поэтому целесообразно использовать пособие сразу после освоения студентами определённой лексико-грамматической темы по выбранному преподавателем учебнику.

Сборник содержит задания двух уровней сложности. Их выполнение предполагает работу с опорой на текст и без опоры на текст.

Задания первого уровня сложности — на расширение объёма оперативной памяти. Звучат отдельные слова, из которых постепенно составляется предложение (по принципу «снежного кома»).

Если преподаватель работает с опорой на текст, то студент, видя текст, повторяет слова и предложение за преподавателем и вписывает только одно слово, которое не напечатано в его варианте.

Студент слышит:

Дом

Мой дом

Это мой дом

Это мой новый дом.

В своём варианте студент видит:

Дом

Мой дом

Это мой дом

Это мой _____ дом.

Если преподаватель работает без опоры на текст, то студент должен на слух сам написать предложение в тетради. В первом случае материал может звучать один раз. Во втором случае материал звучит два раза.

4

Задания второго уровня сложности — микротексты-диктанты, также предполагающие две формы работы (с опорой на текст и без неё).

Работая с опорой на текст, студент должен услышать и вписать в свой вариант пособия пропущенные слова. Работая без опоры на текст, студент пишет его в своей тетради. И в том и в другом случае текстовой материал звучит два раза. В зависимости от уровня подготовки студентов преподаватель или сам читает материал в нужном темпе, или использует запись на диске. Затем студент должен выполнить задание, данное в тестовой форме (выбор правильного ответа), которое он слышит и видит в своём варианте пособия.

Студент слышит:

а) Это Россия. Россия — моя страна. Вот Москва. Москва — большой и красивый город. Москва — это мой город. Тут мой дом.

б) Выберите правильный вариант.

1. Россия — это ... .
    а) страна
    б) город
    в) дом

2. Москва — это ... .
    а) страна
    б) город
    в) дом

В своём варианте студент видит:

а) Это Россия. Россия — моя _____. Вот Москва. _____ — большой и красивый город. Москва — это мой _____. Тут мой _____.

б) Выберите правильный вариант.

1. Россия — это ... .
    а) страна
    б) город
    в) дом

2. Москва — это ... .
    а) страна
    б) город
    в) дом

Данные формы работы относятся к первым 15 урокам, соответствующим элементарному уровню владения русским языком. Все последующие уроки соответствуют базовому уровню. Типы заданий в них такие же, как в первых 15 уроках, но формы работы другие.

В заданиях первого уровня сложности (на расширение объёма оперативной памяти) звучат отдельные слова, из которых впоследствии составляется фраза. Учащимся предлагается вписать буквы, пропущенные в определённых словах. Данное задание помогает закрепить навыки по различению глухости и звонкости, мягкости и твёрдости согласных, а также редукции гласных. Эта форма работы проводится только с опорой на текст.

Студент слышит:

Виктор
Виктор спит
Виктор спит восемь часов
Ночью Виктор спит восемь часов.

В своём варианте студент видит:

Викт__р
Викт__р спит
Викт__р спит восем__ часов
Ноч__ю Викт__р спит восем__ часов.

Следующая форма работы с опорой на текст: студент слышит и видит слова, а последнюю фразу пишет на слух в своём варианте пособия или в тетради.

Студент слышит:

Директор
Директор ушёл
Директор уже ушёл
Директор уже ушёл домой.

В своём варианте студент видит:

Директор
Директор ушёл
Директор уже ушёл

_____

Эта форма работы возможна и без опоры на текст. Тогда учащийся только слышит слова и последнюю фразу, а затем восстанавливает её в своей тетради.

В заданиях второго уровня сложности (работа с микротекстами-диктантами) возможны разные варианты восстановления услышанного текста.

а) Учащийся восстанавливает окончания, пропущенные в определённых словах.

Студент слышит:

Маша любит весну, потому что весной хорошая погода. Весной много солнца и уже тепло. В мае Маша любит гулять в парке. В парке много цветов и птиц. Маша любит слушать, как поют птицы. Она говорит, что они очень красиво поют.

В своём варианте студент видит:

Маша любит весн___ , потому что весн___ хорошая погода. Весн___ много солнца и уже тепл___. В ма___ Маша любит гул___ в парке. В парке много цвет___ и птиц. Маша любит слушать, как по___ птицы. Она говор___, что они очень красиво по___.

б) Учащийся должен услышать и вписать в текст пропущенные слова.

Студент слышит:

Маша любит весну, потому что весной хорошая погода. Весной много солнца и уже тепло. В мае Маша любит гулять в парке. В парке много цветов и птиц. Маша любит слушать, как поют птицы. Она говорит, что они очень красиво поют.

В своём варианте студент видит:

Маша _____ весну, потому что _____ хорошая погода. _____ много солнца и _____ тепло. В ____ Маша _____ гулять в парке. В парке _____ цветов и птиц. Маша _____ слушать, как _____ птицы. Она говорит, что они очень _____ _____.

Преподаватель может предложить и другие задания, например:

а) **Слушайте, пишите диктант.** Преподаватель диктует по одному предложению; студент пишет в тетради (форма диктанта).

б) **Слушайте текст, потом напишите его.** Преподаватель читает текст; студент по памяти восстанавливает его в тетради (форма изложения). Данное задание можно усложнить, используя запись.

в) **Слушайте, выберите правильный вариант ответа, затем перескажите текст.**

Во всех формах восстановления микротекста студент слушает его дважды. Послетекстовые вопросы учащийся слушает один раз и отмечает в своём варианте пособия или в тетради правильный вариант ответа.

Если задания выполняются на уроке, они могут служить формой контроля пройденного материала. Если студент работает самостоятельно, то часть пособия для преподавателя является ключом к заданиям.

Часть I. ДЛЯ СТУДЕНТОВ

ЭЛЕМЕНТАРНЫЙ УРОВЕНЬ

УРОК 1

Задание 1. **Слушайте, повторяйте, пишите последнюю фразу.**

Россия

Россия — страна

Россия — _____ страна.

Дом

Мой дом

Это мой дом

Это мой _____ дом.

Метро

Есть метро

У нас есть метро

У нас есть _____ метро.

Задание 2.

а) Пишите диктант.

Это Россия. Россия — моя _____. Вот Москва. _____
_____ — большой и красивый город. Москва — это мой _____.
Тут мой _____.

б) Выберите правильный вариант.

1. Россия — это ... .
   а) страна
   б) город
   в) дом

2. Москва — это ... .
   а) страна
   б) город
   в) дом

3. Мой дом ... .
   а) это
   б) вот
   в) тут

УРОК 2

Задание 1. Слушайте, повторяйте, пишите последнюю фразу.

Книга

Интересная книга

Ваша интересная книга

_____ ваша интересная книга.

Иван

Иван — человек

Иван — хороший человек

_____ Иван — хороший человек.

Маша

Маша — студентка

Маша — новая студентка

Маша — _____ новая студентка.

а) Пишите диктант.

У меня есть брат и _____. Мой брат врач. А моя сестра актриса. _____ хороший врач. Сестра очень красивая актриса. А я
ещё _____.

б) Выберите правильный вариант.

1. Мой брат ... .
   а) студент
   б) врач
   в) актёр

2. Моя сестра ... .
   а) студентка
   б) врач
   в) актриса

УРОК 3

Задание 1. Слушайте, повторяйте, пишите последнюю фразу.

ГУМ

ГУМ — магазин

ГУМ — это магазин

ГУМ — это _____ магазин.

Семья

Семья смотрит

Семья смотрит фильм

Семья смотрит _____ фильм.

Ручка

У кого ручка

У кого есть ручка

У кого есть _____ ручка?

Задание 2.

а) Пишите диктант.

Вот Пётр и Ирина. Они муж и жена. Это _____. Пётр любит Ирину, Ирина любит Петра. Пётр _____, а Ирина нет. У них есть дети. Их зовут Катя и Коля. Они брат и сестра. Они очень _____ маму и папу. Сейчас семья _____, смотрит интересный фильм.

б) Выберите правильный вариант.

1. Пётр и Ирина ... .
   а) муж и жена
   б) брат и сестра
   в) папа и дочь

2. Пётр работает. ...
   а) да
   б) нет

3. Сейчас семья ... .
   а) читает
   б) отдыхает
   в) работает

УРОК 4

Задание 1. Слушайте, повторяйте, пишите последнюю фразу.

Друг
Мой друг
Мой друг любит
Мой друг любит _____.

Анна
Анна знает
Анна знает Ивана
Анна _____ знает Ивана.

Кот
Кот любит
Кот любит играть
_____ кот любит играть.

Задание 2.

а) Пишите диктант.

Меня зовут Катя. Я москвичка. Мой _____ город — Москва. Москва — это _____ России. Москва — большой и красивый город. Здесь есть театры, музеи, магазины, _____ и сады. Главная площадь города — _____ площадь. Главный театр — это Большой театр. Символ города — Кремль.

б) Выберите правильный вариант.

1. Москва — это ... .
   а) театр
   б) площадь
   в) столица

2. Главный театр Москвы — ... .
   а) Большой
   б) Красный
   в) Кремль

3. Символ города — ... .
   а) Большой театр
   б) Красная площадь
   в) Кремль

УРОК 5

Задание 1. Слушайте, повторяйте, пишите последнюю фразу.

Пётр
Пётр видит

Пётр видит Ивана

_____ Пётр видит Ивана.

Подруга

Подруга смотрит

Подруга смотрит фильм

Подруга смотрит _____ фильм.

Он

Он говорит

Он говорит по-английски

Он _____ говорит по-английски.

Задание 2.

а) Пишите диктант.

Это мой _____. Его зовут Игорь. Игорь инженер. Он очень любит _____. Игорь читает всё время. Он читает романы, стихи, _____, словари. Он читает _____, по-английски, по-испански. Он говорит: «Знать языки — это очень хорошо!» Какой Игорь молодец!

б) Выберите правильный вариант.

1. Игорь — мой ... .
   а) брат
   б) друг
   в) отец

2. Игорь знает ... .
   а) испанский язык
   б) французский язык
   в) немецкий язык

3. Знать языки — ... .
   а) хорошо
   б) нормально
   в) плохо

УРОК 6

Задание 1. **Слушайте, повторяйте, пишите последнюю фразу.**

Цветы

Красивые цветы

Какие красивые цветы

Какие _____ красивые цветы!

Карандаш

Чёрный карандаш

Этот чёрный карандаш

_____ этот чёрный карандаш?

Он

Он любит

Он любит гулять

Он любит гулять _____.

Задание 2.

а) Пишите диктант.

Это новый студент. Его зовут Джеймс. Он англичанин. Джеймс _____ физику, химию, историю. Он любит _____ и много читает. Он думает, что понимает _____ и много знает. Он говорит: «Я знаю всё. Я понимаю _____. Я люблю прогресс!»

б) Выберите правильный вариант.

    1. Джеймс — ... .
      а) физик
      б) студент
      в) историк

    2. Джеймс — ... .
      а) молодой человек
      б) старый человек
      в) профессор

3. Джеймс … .

    а) много знает

    б) думает, что много знает

    в) ничего не знает

УРОК 7

Задание 1. Слушайте, повторяйте, пишите последнюю фразу.

Вы

Вы живёте

Вы живёте в Москве

Вы живёте в Москве _____ в Берлине?

В Париже

В Париже тепло

В Париже сейчас тепло

В Париже сейчас тепло или _____?

В Пекине

В Пекине площадь

В Пекине есть площадь

В Пекине есть _____ площадь?

Задание 2.

а) Пишите диктант.

_____, Марк! Я сейчас живу в Москве. В Москве _____.
На улице снег и очень холодно. Моя семья живёт в Мадриде. Там сейчас _____. Ты знаешь, что моя сестра живёт в Африке, в
Египте. _____ очень тепло. А где ты сейчас живёшь? Какая
там _____? Пока. Твой друг Боб.

б) Выберите правильный вариант.

1. Боб сейчас живёт … .
   а) в Москве
   б) в Мадриде
   в) в Египте

2. В Москве сейчас … .
   а) тепло
   б) не холодно
   в) холодно

3. Погода в Египте … .
   а) тёплая
   б) нехолодная
   в) холодная

УРОК 8

Задание 1. **Слушайте, повторяйте, пишите последнюю фразу.**

Зима

Зима и снег

В Москве зима и снег

В _____ в Москве зима и снег.

Анна

Анна работает

Анна работает в банке

Анна работает в _____ банке.

Лида

Лида любит

Лида любит отдыхать

Лида любит отдыхать _____.

Задание 2.

а) Пишите диктант.

Пётр живёт и работает в Риге. Он живёт на _____ Парковая и работает в банке. Пётр бизнесмен. Каждое утро он слушает _____. Пётр хочет знать, какая погода в Риге. Когда погода тёплая и хорошая, Пётр _____ на работу пешком. Когда погода плохая и холодная, он _____ на машине. Сегодня в Риге минус 20. Это очень холодно.

б) Выберите правильный вариант.

1. Пётр работает ... .
   а) в банке
   б) на радио
   в) в парке

2. Пётр идёт на работу пешком, когда погода ... .
   а) холодная
   б) плохая
   в) тёплая

3. Сегодня в Риге ... .
   а) холодно
   б) тепло
   в) жарко

УРОК 9

Задание 1. Слушайте, повторяйте, пишите последнюю фразу.

Лена
Лена была в театре
Вчера Лена была в театре
Вчера Лена была в _____ театре.

Иван
Иван играл
Иван играл в теннис
_____ Иван играл в теннис.

Коля
Коля играет
Коля играет на гитаре
_____ Коля играет на гитаре.

Задание 2.

а) Пишите диктант.

_____ я была в теннисном клубе. Я играла в теннис. Это мой любимый вид спорта. Ещё я люблю _____. Я люблю слушать музыку и играть на пианино. _____ днём в моей школе был концерт. На концерте я играла музыку Моцарта. Мои друзья были на концерте и слушали. Они _____, что я играла очень хорошо.

б) Выберите правильный вариант.

1. Вчера я ... .
   а) слушала музыку
   б) играла на пианино
   в) играла в теннис

2. Концерт был ... .
   а) вчера
   б) сегодня утром
   в) сегодня днём

3. Друзья были ... .
   а) в теннисном клубе
   б) на концерте
   в) на стадионе

УРОК 10

Задание 1. Слушайте, повторяйте, пишите последнюю фразу.

Я

Я иду

Я иду в парк

_____ я иду в парк.

Максим

Максим ходит

Максим ходит на стадион

_____ Максим ходит на стадион.

Лиза

Лиза была в музее

Вчера Лиза была в музее

Вчера Лиза была в _____ музее.

Задание 2.

а) Пишите диктант.

В _____ вечером Анна ездила в гости. Туда она ехала на _____. В гостях было очень интересно. Друзья смотрели новые фильмы и много _____. Сегодня пятница, и Анна идёт на работу. Она работает весь _____. Анна преподаватель. В _____ она едет на дачу. На даче Анна отдыхает.

б) Выберите правильный вариант.

1. В среду Анна была … .
   а) в гостях
   б) на даче
   в) на работе

2. В гостях было … .
   а) скучно
   б) неинтересно
   в) интересно

3. На даче Анна … .
   а) работает
   б) смотрит фильмы
   в) отдыхает

УРОК 11

Задание 1. Слушайте, повторяйте, пишите последнюю фразу.

Ты

Ты ходишь

Ты ходишь в театр

Ты _____ ходишь в театр?

Автор

Автор пишет

Автор пишет рассказ

Автор пишет рассказ о _____ .

Том

Том ездит

Том ездит на рынок

Том ездит на рынок на _____ .

Задание 2.

а) Пишите диктант.

Марк писатель. Он пишет маленькие и _____ рассказы. Он _____ рассказы о городах, о природе, о жизни. Его _____ _____ очень интересные. Я читал его рассказы о _____ , о солнце, о цветах. Я говорю: «Марк! Ты отличный писатель!»

б) Выберите правильный вариант.

1. Марк пишет … .
   а) романы
   б) рассказы
   в) стихи

2. Я читал рассказы Марка ... .
   а) о городах
   б) о жизни
   в) о море

3. Я думаю, что Марк ... .
   а) плохой писатель
   б) неплохой писатель
   в) очень хороший писатель

УРОК 12

Задание 1. **Слушайте, повторяйте, пишите последнюю фразу.**

Где

Где метро

Где станция метро

Где _____ станция метро?

Человек

Человек идёт

Человек идёт налево

Человек идёт налево и _____.

Ира

Ира читает

Ира читает книгу

Ира читает книгу о _____.

Задание 2.

а) Пишите диктант.

В субботу Марк ходил в _____. Там он читал книгу о Москве. Это очень интересная _____. В книге есть красивые фотографии. Марк _____, что Москва — столица большой страны — России. В Москве есть парки, сады, красивые улицы. Марк _____ увидеть всё это, поэтому в _____ он едет в Москву.

б) Выберите правильный вариант.

1. Марк был в библиотеке в … .
   а) субботу
   б) воскресенье
   в) понедельник

2. В библиотеке Марк … .
   а) смотрел фотографии
   б) читал книгу
   в) слушал диск

3. В понедельник Марк … .
   а) идёт в Москву
   б) едет в Москву
   в) читает о Москве

УРОК 13

Задание 1. **Слушайте, повторяйте, пишите последнюю фразу.**

Марина
Марина хочет
Марина хочет купить
Марина хочет купить _____.

Они
Они хотят
Они хотят гулять
Они хотят гулять в _____.

Андрей
Андрей может
Андрей может читать
Андрей может читать _____.

Задание 2.

а) Пишите диктант.

Ирина домохозяйка. У неё _____ домашних дел. Сегодня Ирина _____ купить мясо, рыбу, молоко, фрукты и хлеб. Она идёт в магазин. В этом магазине есть _____, молоко и рыба, но нет мяса и фруктов. Ирина едет на _____. Она едет на _____. На рынке она хочет купить _____ и фрукты.

б) Выберите правильный вариант.

1. В магазине нет … .
   а) рыбы
   б) мяса
   в) хлеба

2. На рынок Ирина … .
   а) едет на автобусе
   б) едет на метро
   в) идёт пешком

3. На рынке Ирина купит … .
   а) рыбу
   б) мясо
   в) молоко

УРОК 14

Задание 1. Слушайте, повторяйте, пишите последнюю фразу.

Число

Какое число

Какое _____ число?

Первое

Первое марта

_____ первое марта.

Алекс

Алекс приехал

Алекс приехал ____ Кубы.

Задание 2.

а) Пишите диктант.

Сегодня Восьмое марта. Это _____, поэтому я не работаю.
Я спал долго, девять _____. Утром я ходил в магазин. В _____
_____ купил цветы, потому что вечером иду в _____. Сейчас
день, и я хочу поехать в музей. В музее новая выставка. Из музея я приеду домой, возьму цветы и поеду в гости. А _____ я буду работать. Да, я забыл сказать, что меня _____ Степан.

б) Выберите правильный вариант.

1. Степан идёт в гости ... .
   а) утром
   б) днём
   в) вечером

2. Сейчас ... .
   а) весна
   б) лето
   в) осень

3. Днём Степан пойдёт в музей на выставку. ...
   а) да
   б) нет

УРОК 15

Задание 1. Слушайте, повторяйте, пишите последнюю фразу.

Антон

Антон смотрит

Антон смотрит фильм

_____ Антон смотрит фильм.

Анна
Анна посмотрит
Анна посмотрит этот фильм
Анна посмотрит этот фильм _____.

Борис
Борис говорит
Борис говорит по-немецки
Борис _____ говорит по-немецки.

Задание 2.

а) Пишите диктант.

Джон _____ из Англии. В Англии живёт его семья. Семья Джона живёт в Лидсе. Лидс небольшой и не очень _____ город, но в нём есть университет. Раньше Джон _____ там. Утром он учился в университете, а потом шёл из университета сразу домой. В _____ Лидса Джон изучал _____ и французский языки. Сейчас Джон живёт и учится в Москве. Он много говорит по-русски. В Москве Джон из университета идёт в _____, на выставку, в гости. В следующем году Джон _____ учиться в Париже.

б) Выберите правильный вариант.

1. Семья Джона живёт в ... .
   а) Лидсе
   б) Москве
   в) Париже

2. В Лидсе Джон изучал ... язык.
   а) английский
   б) русский
   в) немецкий

3. В Москве из университета Джон идёт ... .
   а) домой
   б) в гости
   в) в театр

БАЗОВЫЙ УРОВЕНЬ

УРОК 16

Задание 1. **Слушайте, повторяйте, пишите последнюю фразу.**

Викт__р

Викт__р спит

Викт__р спит восем__ часо__

Ноч__ю Викт__р спит восем__ часо__.

Елена

Елена __стаёт

Елена __стаёт __ семь часо__

__ среду Елена __стаёт __ семь часо__.

____ Антона

____ Антона нет магнит__фона

____ Антона нет большо__о магнит__фона.

Задание 2.

а) Пишите диктант.

В субботу Николай встал в восемь час____ утра. Он пошёл в магазин, потому что у него не было кофе, молок__, хлеб__ и сыр__. Потом он пошёл домой. Дома Николай позавтракал. После завтрака в 10 час____ он поехал в интернет-кафе. Николай ехал туда на автобус__, потому что у него нет машин__. В интернет-кафе он работал 30 минут.

б) Выберите правильный вариант.

1. Николай встал в … .

   а) восемь часов

   б) восемь часов 30 минут

   в) десять часов

2. В интернет-кафе Николай ходил пешком. ...
   а) да
   б) нет

3. В интернет-кафе Николай ... .
   а) завтракал
   б) работал
   в) отдыхал

УРОК 17

Задание 1. **Слушайте, повторяйте, пишите последнюю фразу.**

Кат__

Кат__ п__дарила

Кат__ п__дарила маме

Кат__ п__дарила маме __веты.

Л__ся

Л__ся купила

Л__ся купила хле__

Л__ся купила хле__ в магазине.

__ра

__ра п__йдёт

__ра п__йдёт к дру__у

__ра п__йдёт к дру__у в субботу.

Задание 2.

а) Пишите диктант.

Маша любит весн__, потому что весной хорошая погода. Весной много солнц__ и уже тепло. В мае Маша любит гулять в парк__. В парк__ много цвет__ и птиц. Маша любит слушать, как по__ птицы. Она говорит, что они очень красиво по__.

б) Выберите правильный вариант.

1. В парке Маша … .
   а) поёт
   б) гуляет
   в) работает

2. Птицы в парке … .
   а) поют
   б) гуляют
   в) слушают

3. Весной много … .
   а) дождя
   б) солнца
   в) ветра

УРОК 18

Задание 1. **Слушайте, повторяйте, пишите последнюю фразу.**

__ткрой

__ткрой __кно

__ткрой __кно, на улице

__ткрой __кно, на улице в__сна.

Не __ткрывай

П__жалуйста, не __ткрывай

П__жалуйста, не __ткрывай __кно

П__жалуйста, не __ткрывай __кно, ещё хол__дно.

Посм__три

Посм__три фильм

Посм__три эт__т фильм

Посм__три в__чером эт__т фильм.

Задание 2.

а) Пишите диктант.

Вчера Мария и Николай были с друзь_____ на выставке. Это была выставка современн_____ фотограф_____. Эта выставка им понрави_____. Мария увлекается фотографи_____. Она сама любит фотографировать. Мария любит фотографировать животных. А Николай больше интересуется спорт_____. Он отлично играет в футбол.

б) Выберите правильный вариант.

1. Мария и Николай были ... .
   а) на стадионе
   б) в зоопарке
   в) на выставке

2. Мария увлекается ... .
   а) фотографией
   б) футболом
   в) животными

3. Николай хорошо ... .
   а) фотографирует
   б) играет в футбол
   в) рисует

УРОК 19

Задание 1. **Слушайте, повторяйте, пишите последнюю фразу.**

Иван

Иван уш__л

Иван уш__л д__мой

Иван уже уш__л д__мой.

Вам

Вам над__

Вам над__ д__ехать
Вам над__ д__ехать д__ театра.

Вера
Зашла Вера
К__ мне зашла Вера
В__чером к__ мне зашла Вера.

Задание 2.

а) Пишите диктант.

Клара и Карл приехали в Москв__ вчера. Они выехали из Бонн__ в 9 часов вечера. В Москв__ они были уже на следующ____ день. От вокзал__ до гостиниц__ они доехали на такси. Они пришли в свой номер, оставили вещи и пошли в ресторан. Ресторан находится недалеко. Им нужно только перейти Тверск____ площадь.

б) Выберите правильный вариант.

1. Клара и Карл живут в ... .
   а) Москве
   б) Бонне
   в) Твери

2. Сейчас Клара и Карл в ... .
   а) Москве
   б) Бонне
   в) Твери

3. Ресторан находится ... .
   а) на вокзале
   б) в гостинице
   в) около площади

УРОК 20

Задание 1. **Слушайте, повторяйте, пишите последнюю фразу.**

Н__колай

Н__колай курит

Н__колай мног__ курит

Н__колай мног__ курит, — это вредн__.

Ан__а

Ан__а любит

Ан__а любит х__дить

Ан__а любит х__дить пе__ком.

Ка__л

Ка__л занимаетс__

Ка__л занимаетс__ спорт__м

Днём Ка__л занимаетс__ спорт__м.

Задание 2.

а) Пишите диктант.

Обычно Антон приход____ на работ__ вовремя. Но сегодня он опоздал. Антон опоздал, потому что зашёл к сестр__. Ему нужна была книга. Сестр__ вышла в магазин. И Антон ждал её 15 минут. Когда она пришла, Антон взял нужн____ книг__ и поехал на работ__. На сколько опоздал Антон?

б) Выберите правильный вариант.

1. Сегодня на работу Антон ... .
   а) пришёл вовремя
   б) опоздал
   в) не пришёл

2. Антон ждал сестру, потому что она ... .
   а) вышла
   б) ушла
   в) не пришла

3. Антон опоздал на ... .
   а) 5 минут
   б) 10 минут
   в) 15 минут

УРОК 21

Задание 1. Слушайте, повторяйте, пишите последнюю фразу.

Ли__а
Ли__а уч__тся
Ли__а уч__тся в __ниверситете
Ли__а уч__тся в М__сковском __ниверситете
Сейчас Ли__а уч__тся в М__сковском __ниверситете.

Мы
Мы были
Мы были на пло__ади
Мы были на К__асной пло__ади
В пятницу мы были на К__асной пло__ади.

Адлер
Горо__ Адлер
Горо__ Адлер — на мор__
Горо__ Адлер — на Ч__рном мор__.

Задание 2.

   а) Пишите диктант.

Игорь приезжал в Москв__ в прошл____ год__. Он весь год учил-ся в Московском университете. Игорь изучал хим____ и математик__. В свободн____ время он бывал в Кремл__, в Больш____ театр__, на Красн____ площад__. Жил Игорь на квартире, на Ленинск____ про-спект__, на пят____ этаж__. Сейчас он уже уехал домой. Семья Игоря живёт в Архангельск__ на Бел____ море. В следующ____ год__ Игорь хочет поехать отдыхать в Сочи.

б) Выберите правильный вариант.

1. Игорь приехал в Москву ... .
   а) в прошлом году
   б) в этом году
   в) год назад

2. В свободное время Игорь бывал на ... .
   а) Ленинском проспекте
   б) Белом море
   в) Красной площади

3. Семья Игоря живёт в ... .
   а) Москве
   б) Архангельске
   в) Сочи

УРОК 22

Задание 1. **Слушайте, повторяйте, пишите последнюю фразу.**

Груп__а
Наша груп__а
Наша груп__а п__йдёт
Наша груп__а п__йдёт в т__атр
Наша груп__а п__йдёт в муз__кальный т__атр.

Он
Он уш__л
Се__одня он уш__л
Се__одня утр__м он уш__л
Се__одня утр__м он уш__л на работу.

Кон__ерт
Буд__т кон__ерт
Буд__т х__роший кон__ерт

Буд__т х__роший кон__ерт ро__-музыки

В субботу буд__т х__роший кон__ерт ро__-музыки.

Задание 2.

а) Пишите диктант.

Моя сестра Лида окончила школ__, и в сентябр__ она поехала в Англ____, в Лондон. Сейчас она уч_____ на курс____ в университет__. Лида изучает английский язык, историю, литературу. Лида хочет очень хорошо знать английский язык. Каждый день она занима_____ в аудитории, а вечером — в библиотеке. Лиде нужно знать английский язык, потому что она хочет найти хорош____ работ__. В Англ____ она будет уч_____ год.

б) Выберите правильный вариант.

1. Раньше Лида училась … .
    а) в школе
    б) в университете
    в) на курсах

2. Каждый день Лида … .
    а) учится
    б) отдыхает
    в) работает

3. Лида — … .
    а) моя подруга
    б) моя сестра
    в) мой преподаватель

УРОК 23

Задание 1. Слушайте, повторяйте, пишите последнюю фразу.

В к__ком г__ду

В к__ком г__ду вы

В к__ком г__ду вы родилис__
Скажите, в к__ком г__ду вы родилис__?

Джон
Джон о__дыхал
Джон о__дыхал на море
Джон о__дыхал на К__асном море
Лет__м Джон о__дыхал на К__асном море.

Ира
Ира __ивёт
Ира __ивёт в гор__де
Ира __ивёт в б__льшом гор__де
Ира __ивёт в б__льшом и зелён__м гор__де.

Задание 2.

а) Пишите диктант.

Аня и Катя встретились на «Маяковск_____». «Маяковская» — это станция метро. Она находится на Тверск_____ улиц__. Подруг__ пошли в концертный зал. Там они слушали музык__ русск_____ композитор_____. Раньше девушки много читали о русск_____ композитор_____ и слушали их музык__ на DVD. Теперь они послушали эт__ музык__ в концертном зале, где играл московский оркестр.

б) Выберите правильный вариант.

1. «Маяковская» — это … .
   а) улица
   б) станция метро
   в) концертный зал

2. Аня и Катя — … .
   а) подруги
   б) сёстры
   в) студентки

3. В концертном зале девушки ... .
   а) читали о русских композиторах
   б) слушали диски
   в) слушали оркестр

УРОК 24

Задание 1. **Слушайте, повторяйте, пишите последнюю фразу.**

Таня

Таня была

Таня была на мор___

Таня была на мор___ в про___лом г___ду

Таня была на Бел___м мор___ в про___лом г___ду.

Иван

Мой дру___ Иван

Мой дру___ Иван ___дет

Мой дру___ Иван ___дет в Сочи

Мой дру___ Иван ___дет в Сочи на следу___щей н___деле.

Катя

М___я п___друга Катя

М___я п___друга Катя ___тдыхает

М___я п___друга Катя на этой недел___ ___тдыхает

М___я п___друга Катя на этой недел___ ___тдыхает на да___е.

Задание 2.

а) Пишите диктант.

В прошл___ год___ Олег ездил на Белое море. В эт___ год___ он хоч___ поехать на Красное море в Египет. И у него есть хорошая идея побывать на озере Байкал в следующ___ год___. Байкал — это самое глубок___ озер___ в мире. Оно находится в Росс___. Каждый год Олег езд___ в разные интересные места. Он очень любит путешеств-ов___.

б) Выберите правильный вариант.

1. Байкал — это ... .
   а) озеро
   б) море
   в) река

2. В Египте находится ... .
   а) Белое море
   б) Красное море
   в) озеро Байкал

3. На Белое море Олег ... .
   а) ездил в прошлом году
   б) поедет в этом году
   в) поедет в следующем году

УРОК 25

Задание 1. Слушайте, повторяйте, пишите последнюю фразу.

Я
Я х__чу
Я х__чу, __тобы
Я х__чу, __тобы Антон
Я х__чу, __тобы Антон купил
Я х__чу, __тобы Антон купил белый хле__.

Катя
Катя попр__сила
Катя попр__сила Кол__
Катя попр__сила Кол__ пр__читать
Катя попр__сила Кол__ пр__читать эт__т расска__.

__оля
__оля хочет
__оля хочет увид__ть

___оля хочет увид___ть мир

___оля хочет увид___ть весь мир.

Задание 2.

а) Пишите диктант.

На прошл___ недел___ мы ездили во Владимир. Владимир — это старинный русский город. Там много красив___ и интересн___ мест. Мы уехали из Москв___ в 8 часов утра. Приехали во Владимир в 11 часов. Около гостиниц___ «Русь» мы встретили___ с гид___ и пошли смотреть город. В 14 часов у нас был обед. Потом мы послушали концерт русск___ народн___ музык___. После концерт___ наша группа поехала в Москв___. В Москв___ мы были поздно вечер___.

б) Выберите правильный вариант.

1. Мы ездили во Владимир ... .
   а) на экскурсию
   б) на концерт
   в) работать

2. Обед был в ... .
   а) в 14 часов
   б) в 11 часов
   в) в 8 часов

3. Группа приехала в Москву ... .
   а) утром
   б) днём
   в) вечером

УРОК 26

Задание 1. Слушайте, повторяйте, пишите последнюю фразу.

___иректор

___иректор уш___л

___иректор у__е уш__л

___иректор у__е уш__л д__мой.

Туристы

Туристы объ__хали

Туристы объ__хали всю стр__ну

В прошл__м г__ду туристы объ__хали всю стр__ну.

Машина

Машина в__ехала

Машина ___иректора в__ехала

Машина ___иректора в__ехала ран__ утр__м.

Задание 2.

а) Пишите диктант.

Россия — это очень большая и красивая страна. Столица России — Москва. Москва — это центр наук__ и культур__. Но в России много разн____ город____. Например, на север__ наход____ся Мурманск. Там длинная и холодная зима, а лето очень коротк____. На юг__ России есть город Анапа. Этот город находится на Чёрн____ мор__. Зим____ там тепло, а летом жарко.

б) Выберите правильный вариант.

1. Мурманск находится ... России.
   а) в центре
   б) на севере
   в) на юге

2. Длинная и холодная зима в ... .
   а) Москве
   б) Мурманске
   в) Анапе

3. Анапа — это ... .
   а) город
   б) страна
   в) море

УРОК 27

Задание 1. **Слушайте, повторяйте, пишите последнюю фразу.**

Ли__а

Ли__а любит

Ли__а любит пир__ги

Ли__а любит пир__ги с __блоками.

Юра

Юра увлека__тся

Юра увлека__тся спортом

Бра__ Юра увлека__тся спортом

Мой бра__ Юра увлека__тся спортом.

Ма__я

Ма__я по__т

Ма__я по__т в т__атре

Ма__я по__т в Б__льшом т__атре

Ма__я давно по__т в Б__льшом т__атре.

Задание 2.

а) Пишите диктант.

Вчера мы с друг_____ ходили в оперный театр. Там мы слушали известн_____ опер__ «Царская невеста», о котор_____ нам рассказывали наши русские друзья. Артисты пели отличн__. Костюмы были очень красив_____. Мы с удовольстви_____ послушали эту оперу. Завтра мы пойдём в музыкальный театр, о котор_____ мы узнали сегодня. Там мы буд_____ смотреть современный балет.

б) Выберите правильный вариант.

1. Они были в ... .
   а) оперном театре
   б) музыкальном театре
   в) Большом театре

2. Опера им понравилась. ...
   а) да
   б) нет

3. Завтра они будут ... .
   а) смотреть спектакль
   б) слушать оперу
   в) смотреть балет

УРОК 28

Задание 1. **Слушайте, повторяйте, пишите последнюю фразу.**

Ю__я

Ю__я пол__тит

Ю__я пол__тит в Лонд__н

За__тра Ю__я пол__тит в Лонд__н

За__тра вечером Ю__я пол__тит в Лонд__н.

Ю__а

Ю__а принё__

Ю__а принё__ книги

Ю__а принё__ книги из библи__теки

Ю__а принё__ книги из библи__теки д__мой.

Са__а

Са__а отвё__

Са__а отвё__ брата

Са__а отвё__ старше__о брата

Са__а отвё__ старше__о брата на р__боту.

Задание 2.

а) Пишите диктант.

Раньше у Борис__ не было машин__. Борис много ходил пешком. В магазины и на работу он ездил на метро, автобус__ и трамва__. Борис никогда не думал о машин___. Она была не нужна ему. Но однажды Борис___ нужно было лет_____ в Рим. Самолёт улетал очень рано, в 6 часов утр___. Борис заказал такси. Это было очень дорого и не очень удобно. И Борис решил купить машину. Теперь у него есть машин___. Борис ездит сам и возит сво_____ друз_____. Он хорош_____ водитель и друг.

б) Выберите правильный вариант.

1. Борис много ... .
   а) ходил пешком
   б) ездил на машине
   в) летал на самолёте

2. В аэропорт Борис поехал на ... .
   а) автобусе
   б) машине
   в) такси

3. Борис хорошо водит машину. ...
   а) да
   б) нет

УРОК 29

Задание 1. **Слушайте, повторяйте, пишите последнюю фразу.**

Ник__лай
Ник__лай __стретил
Ник__лай __стретил дру__а
Ник__лай __стретил старо__о дру__а
Ник__лай __стретил старо__о дру__а на стадионе.

Оле__
Оле__ п__смотрел
Оле__ п__смотрел к__медию

Оле__ п__смотрел новую к__медию

__чера Оле__ п__смотрел новую к__медию.

Оля

Оля __дёт

Оля __дёт ба__ушку

Оля __дёт св__ю ба__ушку

Оля __дёт св__ю любимую ба__ушку.

Задание 2.

а) Пишите диктант.

Максим — турист. Он прилетел в большой и современный город. Максим плохо зна_____ этот город. Он мало читал о нём. Максим поехал в центр город__. Там в небольш_____ книжн_____ магазин__ он купил хорош_____ карт__ города, красив_____ альбом и интересн_____ книг__. В кафе Максим встретил молод_____ человек__. Они познакоми_____. Молодой человек живёт в этом городе и работает водител_____. Он показал Максиму свой город и рассказал о нём.

б) Выберите правильный вариант.

1. Максим прилетел в ... город.

   а) большой

   б) небольшой

   в) маленький

2. Максим ... этот город.

   а) плохо знает

   б) хорошо знает

   в) не знает

3. Новый друг Максима — ... .

   а) турист

   б) водитель

   в) продавец

УРОК 30

Задание 1. **Слушайте, повторяйте, пишите последнюю фразу.**

___ильм

___ильм п___нравился

Этот ___ильм п___нравился

Этот ___ильм п___нравился Иг___рю

Этот ___ильм очень п___нравился Иг___рю.

___ао

___ао г___ворит

___ао г___ворит по тел___фону

___ао г___ворит по тел___фону с ___ао

___ао долг___ г___ворит по тел___фону с ___ао.

Оле___

Оле___ знает

Оле___ знает друзей

Оле___ знает друзей Ол___ги

Оле___ знает ___сех друзей Ол___ги.

Задание 2.

а) Пишите диктант.

Мао — это наш новый друг. Он пригласил нас в гости. Он живёт в небольш___ город___ Истре. Мы ездили к нему в гости и привезли большой торт. Мао приготовил очень вкусн___ бутерброд___. Он сделал бутерброд___ с сыр___, с овощ___, с мяс___ . Все вместе мы готовили салат___. Еды было много. Мы ели и разговаривали. Мао рассказал нам о сво___ родн___ город___ Пекин___. Потом мы вышли в сад и сфотографирова___. Вечером мы верну___ домой в Москву. Всё это было в прошлом году. Сейчас я смотрю на фотографию и вспоминаю сво___ друз___ и Мао.

б) Выберите правильный вариант.

1. Мао приготовил ... .
   а) торт
   б) салат
   в) бутерброды

2. Родной город Мао ... .
   а) Москва
   б) Пекин
   в) Истра

3. Друзья ездили в гости ... .
   а) в прошлом году
   б) в этом году
   в) вчера

УРОК 31

Задание 1. Слушайте, повторяйте, пишите последнюю фразу.

Иван,
Иван, приходи
Иван, приходи завтра
Иван, приходи завтра ко мне

_____!

Таня
Таня, возьми
Таня, возьми салат
Таня, возьми салат с помидорами

_____.

Максим
Максим, отнеси
Максим, отнеси книгу
Максим, отнеси эту книгу

_____.

Задание 2.

а) Пишите диктант.

Я не видел своего друга год. _____
_____. В марте он приехал, и мы встретились. Я пригласил его в гости. Я показал ему фотографии, рассказал, что делал год. Потом он пригласил меня в итальянский ресторан. Там мы хорошо и вкусно пообедали. Мой друг рассказал мне о своей жизни в Италии. _____
_____. Моему другу очень понравился его коллега Марк. Завтра мы идём с другом в театр. Мы будем смотреть известный и красивый балет.

б) Выберите правильный вариант.

1. В Италию ездил ... .
   а) автор
   б) друг автора
   в) Марк

2. Автор пригласил друга в ... .
   а) гости
   б) ресторан
   в) театр

3. Друг был в Италии ... .
   а) день
   б) месяц
   в) год

УРОК 32

Задание 1. Слушайте, повторяйте, пишите последнюю фразу.

Лена
Лена смотрела
Лена смотрела балет

Вчера Лена смотрела балет

_____.

Мама
Мама посмотрела
Мама посмотрела фильм
Мама посмотрела новый фильм

_____.

Брат
Брат покупает
Брат покупает газеты
Брат всегда покупает газеты

_____.

Задание 2.

а) Пишите диктант.

Вчера утром мы посмотрели в кинотеатре старую комедию. _____
_____. После фильма мы
долго говорили о нём. Мой друг сказал, что он никогда не видел таких
весёлых фильмов. _____
_____.

Анна тоже хочет посмотреть эту комедию. Она купит видеокассету и
будет смотреть фильм завтра днём дома.

б) Выберите правильный вариант.

1. Друзья посмотрели фильм … .
   а) в кинотеатре
   б) на дискотеке
   в) дома

2. Друзья встретили Анну … .
   а) утром
   б) вечером
   в) днём

3. Анна ... фильм.

   а) смотрела

   б) смотрит

   в) будет смотреть

УРОК 33

Задание 1. Слушайте, повторяйте, пишите последнюю фразу.

Пётр

Пётр учится

Пётр учится в школе

Пётр учится в английской школе

_____?

Художник

Известный художник

Известный художник учит

Известный художник учит Ивана

_____.

Театр

Театр откроется

Большой театр откроется

Большой театр откроется через год

_____.

Задание 2.

   а) Пишите диктант.

Вчера Алла и Антон ходили в кино. Они смотрели французский фильм. _____

_____. После

фильма Алла и Антон пошли с друзьями в новый японский ресторан. Этот ресторан открылся на прошлой неделе. Друзья ещё не были в этом ресторане. Они попробовали разные блюда. Было очень вкусно.

_____

_____. Антон пригласил Аллу пойти на следующей неделе в китайский цирк. Алла согласилась.

б) Выберите правильный вариант.

1. Алла и Антон смотрели ... фильм.
   а) китайский
   б) японский
   в) французский

2. Ресторан начал работать ... .
   а) на прошлой неделе
   б) вчера
   в) сегодня

3. В ресторане работают повара из ... .
   а) Франции
   б) Японии
   в) Китая

УРОК 34

Задание 1. **Слушайте, повторяйте, пишите последнюю фразу.**

Наташа
Наташа плавала
Наташа плавала на корабле
Наташа плавала на корабле по Волге

_____

Друзья
Друзья летали
Друзья летали в Египет
Друзья летали в Египет на неделю

_____

Марина
Марина будет учиться
Марина будет учиться в Англии
Марина будет учиться в Англии год

_____ .

Задание 2.

а) Пишите диктант.

_____ .

Новгород — это старинный русский город. Игорь давно хотел посмотреть этот город. Туда он ехал одну ночь на поезде. В Новгороде он жил в центре города, в гостинице. Это было очень удобно. _____
_____ . Он купил билеты на экскурсию в Кремль и на прогулку по реке. Экскурсия и прогулка ему очень понравились. Домой Игорь вернулся на автобусе. _____
_____
_____ .

б) Выберите правильный вариант.

1. Игорь был в Новгороде ... .
   а) один день
   б) два дня
   в) три дня

2. В Новгород Игорь приехал ... .
   а) на поезде
   б) на автобусе
   в) по реке

3. В Новгороде Игорь ... .
   а) ездил на автобусе
   б) ходил пешком
   в) ездил на машине

УРОК 35

Задание 1. **Слушайте, повторяйте, пишите последнюю фразу.**

Кто-то
Кто-то звонил
Кто-то звонил тебе

_____.

Где-нибудь
Где-нибудь можно
Где-нибудь можно купить

_____?

Кое-кто
Кое-кто спрашивал
Кое-кто спрашивал о тебе

_____.

Задание 2.

а) Пишите диктант.

Студенты нашей группы хотели вместе поехать куда-нибудь. Мы долго думали, куда поехать. _____

_____. Мы посоветовались и решили поехать в Измайловский парк. _____.

В парке можно гулять и разговаривать, купить сувениры. Сначала все были согласны и сказали, что это хорошая идея. _____

_____.

б) Выберите правильный вариант.

1. Группа хотела поехать ... .
   а) во Владимир
   б) в парк
   в) куда-нибудь

2. Группа решила поехать в ... .
   а) парк
   б) музей
   в) интернет-кафе

3. В интернет-кафе ... .
   а) пошёл Владимир
   б) пошёл кое-кто
   в) пошла вся группа

УРОК 36

Задание 1. Слушайте, повторяйте, пишите последнюю фразу.

Маша

Маша живёт

Маша живёт около театра

Маша живёт около Малого театра

_____ .

Музей

Музей находится

Музей находится напротив площади

Музей находится напротив Красной площади

_____ .

Дима

Дима отдыхал

Дима отдыхал в деревне

Дима отдыхал в деревне недалеко от моря

_____ .

Задание 2.

а) **Пишите диктант.**

Петербург — большой и очень красивый город. _____

_____. Основал этот город царь Пётр I. В центре

Петербурга находится Эрмитаж. Вы знаете, что такое Эрмитаж? _____
_____. Недалеко
от него находится другой интересный музей. Это Дом-музей русского
поэта Александра Сергеевича Пушкина. В этом доме Пушкин жил с женой и детьми. _____
_____. Она называется Нева. В Петербурге много разных рек и каналов, но самая большая и известная — это
Нева. Около Эрмитажа — большая площадь. _____
_____.

б) Выберите правильный вариант.

1. Петербург основал ... .
   а) Пётр I
   б) Александр I
   в) Николай I

2. Дом-музей Пушкина ... Эрмитажа.
   а) около
   б) напротив
   в) недалеко от

3. Нева — это ... .
   а) озеро
   б) канал
   в) река

4. Главная улица Петербурга — это ... .
   а) Невский проспект
   б) улица А.С. Пушкина
   в) улица Петра I

УРОК 37

Задание 1. **Слушайте, повторяйте, пишите последнюю фразу.**

Ты

Ты уезжаешь

Ты завтра уезжаешь
Ты завтра уезжаешь на юг?

_____? _____!

Борщ
Этот борщ
Этот борщ вкусный
Этот борщ очень вкусный!

_____! _____!

Поздно
Поздно, уже ночь
Поздно, сейчас уже ночь
Поздно, сейчас уже ночь, 12 часов

_____. _____.

Задание 2.

а) Пишите диктант.

Аня живёт и работает в Москве. Москва — это её родной город.

_____.

Аня очень хорошо знает мировую историю. _____

_____. Около её офиса находится кафе русской кухни «Ёлки-палки», поэтому Аня обедает там. В этом кафе можно заказать вкусные и недорогие блюда. После работы Аня едет домой на метро. Живёт она около станции метро «Ленинский проспект». _____

_____. Этот парк находится на берегу Москвы-реки, и там всегда красиво. _____

_____.

б) Выберите правильный вариант.

1. Аня работает в ... .
   а) музее
   б) кафе
   в) метро

2. Исторический музей находится около ... .
   а) парка
   б) кафе
   в) метро

3. В выходные дни Аня любит ... .
   а) ходить в музей
   б) обедать в кафе
   в) гулять в парке

4. Аня работает до ... .
   а) 2 часов дня
   б) 6 часов вечера
   в) 10 часов утра

УРОК 38

Задание 1. **Слушайте, повторяйте, пишите последнюю фразу.**

Олег
Олег гулял
Олег гулял час
Олег гулял час по парку

_____.

Муж
Муж и жена
Муж и жена ездят
Муж и жена ездят по магазинам

_____.

Марико
Марико любит
Марико любит путешествовать
Марико любит путешествовать по городам

_____.

Задание 2.

а) Пишите диктант.

Андрей пригласил нас в гости. У него завтра день рождения. _____. Андрей любит путешествовать. И мы решили подарить ему интересный тур по русской реке Волге. _____

_____

_____. В одних агентствах туры по Волге были очень дорогие, а в других — неинтересные. И мы купили Андрею тур по Чёрному морю. _____

_____.

б) Выберите правильный вариант.

1. Андрею … .
   а) 30 лет
   б) 29 лет
   в) 31 год

2. Друзья … тур по реке Волге.
   а) купили
   б) не купили
   в) продали

3. Андрей будет путешествовать … .
   а) по Волге
   б) по Чёрному морю
   в) по русским городам

4. Подарок Андрею … .
   а) понравился
   б) не понравился
   в) очень понравился

УРОК 39

Задание 1. Слушайте, повторяйте, пишите последнюю фразу.

Я
Я хожу
По утрам я хожу
По утрам я хожу в бассейн

_____ .

У Ивана
У Ивана есть
У Ивана есть три дяди
У Ивана есть три родных дяди

_____ .

Дима
Дима слушает
Дима слушает концерт
Дима слушает концерт Баха

_____ .

Задание 2.

а) Пишите диктант.

По выходным семья Петровых ездит на дачу. _____

_____ . Петровы решили отдыхать дома. Утром они долго спали. Потом каждый занимался своим любимым делом. Отец читал газету «Спортивные новости». _____

_____ . Дедушка слушал джаз по радио. Дочь и сын играли с собакой и рисовали. Потом бабушка приготовила очень вкусный обед. _____

_____

_____ . Там они смотрели современную комедию.

б) Выберите правильный вариант.

1. Обычно семья Петровых ездит на дачу ... .
   а) каждые выходные
   б) через выходные
   в) один раз в месяц

2. В эти выходные семья отдыхала ... .
   а) на стадионе
   б) на даче
   в) дома

3. Мама и бабушка смотрели по телевизору ... .
   а) сериал
   б) спортивные новости
   в) комедию

4. Обед приготовила ... .
   а) бабушка
   б) мама
   в) дочь

УРОК 40

Задание 1. **Слушайте, повторяйте, пишите последнюю фразу.**

Михаил
Михаил купил
Михаил купил альбом
Михаил купил интересный альбом

_____

Инна
Инна не пошла
Инна не пошла в театр
Инна не пошла в Малый театр

_____

Другу
Моему другу
Моему старому другу
Моему старому другу 30 лет

_____.

Задание 2.

а) Пишите диктант.

_____
_____
_____. Мы пошли в турагентство. Там нам посоветовали поехать в Ярославль. В Ярославль можно ехать на поезде или на автобусе.
_____.
На поезде надо ехать восемь часов, на автобусе — пять часов, а на корабле — три дня. _____
_____. Мы увидим много новых незнакомых мест. _____
_____.

б) Выберите правильный вариант.

1. Друзья хотели поехать … .
   а) на какую-нибудь экскурсию
   б) в город Ярославль
   в) по реке Волге

2. На поезде в Ярославль надо ехать … .
   а) три дня
   б) восемь часов
   в) пять часов

3. Друзья решили … в Ярославль.
   а) ехать
   б) лететь
   в) плыть

4. Друзья будут плыть по реке Волге на корабле, потому что это ... .
   а) весело
   б) дёшево
   в) интересно

УРОК 41

Задание 1. **Слушайте, повторяйте, пишите последнюю фразу.**

Антон
Антон гордится
Антон гордится братом
Антон гордится старшим братом

_____.

Ольга
Ольга любуется
Ольга любуется цветами
Ольга любуется весенними цветами

_____.

Татьяна
Татьяна повесила
Татьяна повесила на стену
Татьяна повесила на стену картину

_____.

Задание 2.

а) Пишите диктант.

Моя подруга Анна купила новый дом около леса. Она давно хотела жить рядом с Москвой. _____

_____. Я долго думал, что ей подарить. Я решил подарить Анне картину. По-моему, это отличный подарок на новоселье. Мой подарок ей очень понравился. _____

_____.

Дом у Анны небольшой, но очень уютный. В доме есть всё. _____
_____. Перед домом —
красивый сад. _____.
Из окон своего дома Анна может любоваться и садом, и озером.

б) Выберите правильный вариант.

1. Анна купила … .
   а) дом
   б) картину
   в) гараж

2. Дом Анны находится … .
   а) далеко от Москвы
   б) рядом с Москвой
   в) в Москве

3. Небольшое озеро … .
   а) под домом
   б) перед домом
   в) за домом

4. Из окон своего дома Анна может любоваться … .
   а) парком
   б) лесом
   в) озером

УРОК 42

Задание 1. Слушайте, повторяйте, пишите последнюю фразу.

Дима
Дима уехал
Вчера Дима уехал
Вчера Дима уехал в город
Вчера Дима уехал в родной город

_____.

Лиза

Лиза пишет

Иногда Лиза пишет письма

Иногда Лиза пишет письма подруге

Иногда Лиза пишет длинные письма подруге

_____.

Мама

Мама угощает

Сегодня мама угощает

Сегодня мама угощает гостей

Сегодня мама угощает гостей тортом

_____.

Задание 2.

а) Пишите диктант.

Антон учился в Берлине. _____
_____. Антон учился там в университете. Он изучал немецкий язык и экономику. Немецкий язык очень трудный. Антон жил в Берлине целый год. _____
_____. Он хорошо понимал, что говорят немцы на улице, в магазине. У Антона много немецких друзей. Самый хороший друг — это Михаэль. Михаэль всегда и везде помогал Антону. _____
_____
_____. Сейчас Антон и Михаэль пишут друг другу письма по Интернету. _____
_____
_____.

б) Выберите правильный вариант.

1. Антон ... читает по-немецки.

    а) плохо

    б) неплохо

    в) отлично

2. У Антона ... немецких друзей.
   а) много
   б) мало
   в) нет

3. Михаэль ... помогал Антону.
   а) иногда
   б) часто
   в) всегда

4. Михаэль приедет в Россию ... .
   а) учиться
   б) в гости
   в) на экскурсию

УРОК 43

Задание 1. **Слушайте, повторяйте, пишите последнюю фразу.**

Фотография
Семейная фотография
Семейная фотография висит
Семейная фотография висит на стене
Семейная фотография висит на стене в комнате

_____.

На фотографии
На этой фотографии
На этой фотографии моя тётя
На этой фотографии моя тётя стоит

_____.

Передо мной на фотографии
Передо мной на фотографии сидит
Передо мной на фотографии сидит мой дядя

_____.

Задание 2.

а) Пишите диктант.

Подруги Ира, Аня и Таня любят ходить по музеям. В Москве они были в музее имени Пушкина. В Пскове они ходили в псковскую картинную галерею. Недавно они ездили в Петербург. _____ _____ _____. Этот музей находится в центре Петербурга. В музее много интересного. _____ _____. На стенах висят картины русских художников. _____ _____. Подруги были в музее три часа. _____. Ирине больше всего понравились картины, а Анне — старинные книги. Татьяне понравилось всё, но больше всего само здание музея. _____ _____.

б) Выберите правильный вариант.

1. Подруги любят ... .
   а) ходить по музеям
   б) ездить по городам
   в) рисовать картины

2. Русский музей находится в ... .
   а) Москве
   б) Пскове
   в) Петербурге

3. Книги на столах ... .
   а) лежат
   б) стоят
   в) висят

4. Ирине понравились ... .
   а) скульптуры
   б) картины
   в) книги

УРОК 44

Задание 1. Слушайте, повторяйте, пишите последнюю фразу.

Здание

Это здание

Это старинное здание

Это красивое старинное здание

Это красивое старинное здание находится

_____.

Друг

Мой друг

Мой старый друг

Мой старый друг Иван Иванович

_____.

Игорь

Игорь играет

Игорь играет в оркестре

Игорь играет в джазовом оркестре

Игорь играет в большом джазовом оркестре

_____.

Задание 2.

a) Пишите диктант.

Олег и Ольга — муж и жена. У них хорошая дружная семья. _____. В этом ресторане можно попробовать русские и украинские блюда. _____

_____. Олег — инженер. Он работает на большом заводе. _____

_____. Но у Ольги и Олега своей машины пока ещё нет. Живёт эта семья в небольшом городе недалеко от Москвы. _____

_____

_____. Они очень
любят этот курорт, потому что познакомились там в доме отдыха.

б) Выберите правильный вариант.

1. Олег и Ольга — ... .
    а) муж и жена
    б) брат и сестра
    в) друзья

2. Ольга работает ... .
    а) в доме отдыха
    б) на заводе
    в) в ресторане

3. Ольга и Олег живут в ... .
    а) Адлере
    б) Москве
    в) небольшом городе

4. Ольга и Олег познакомились ... .
    а) в ресторане
    б) на заводе
    в) в доме отдыха

5. Курорт, где познакомились Олег и Ольга, находится около ... .
    а) Москвы
    б) Адлера
    в) небольшого города

УРОК 45

Задание 1. Слушайте, повторяйте, пишите последнюю фразу.

Это парк
Это парк, в котором
Это парк, в котором хорошо гулять

Мои друзья
Мои друзья живут
Мои друзья живут в гостинице
Мои иностранные друзья живут в гостинице

_____.

Лида
Лида училась
Лида училась на курсах
Лида училась на курсах в университете
Лида училась на курсах в известном университете

_____.

Задание 2.

а) Пишите диктант.

Сергей Петров — молодой учитель. В прошлом году он окончил университет. _____

_____. Он преподаёт математику. В его классе 20 учеников. _____

_____

_____. Сергей хочет, чтобы его ученики полюбили математику. Он помогает им понять решение сложных задач. В субботу и в воскресенье Сергей не работает. Он любит отдыхать в парке, который находится рядом с его домом. _____

_____

_____.

б) Выберите правильный вариант.

1. Сергей Петров — ... .
   а) ученик
   б) учитель
   в) учёный

2. В классе Сергея Петрова ... .
   а) 6 учеников
   б) 9 учеников
   в) 20 учеников

3. В выходные дни Сергей … .
   а) отдыхает
   б) работает
   в) решает задачи

4. Сергей Петров … .
   а) изучает математику
   б) преподаёт математику
   в) интересуется математикой

5. Сергей мечтает стать … .
   а) учёным
   б) учителем
   в) профессором

УРОК 46

Задание 1. **Слушайте, повторяйте, пишите последнюю фразу.**

Бабушка
Моя бабушка
Моя бабушка плохо видит
Моя бабушка плохо видит, поэтому

Олег
Олег видел
Олег уже видел
Олег уже видел этот фильм
Олег уже видел этот фильм в кинотеатре

Ира
Ира смотрит
Ира смотрит балет
Ира смотрит классический балет

Ира смотрит классический балет дома
Ира смотрит классический балет дома по телевизору
_____.

Задание 2.

а) Пишите диктант.

Питер учится в университете. Он изучает русский язык, литературу, журналистику. _____
_____. Питер хорошо
говорит по-русски. Конечно, ведь он живёт и учится в Москве уже три
года. _____
_____. Скоро каникулы. Как
вы знаете, летом каникулы продолжаются два месяца. _____
_____
_____. Питер
ещё не решил, куда поедет, но он знает точно, что на одну неделю поедет домой к родителям в Англию. _____
_____. Ведь в Европе
он уже везде был.

б) Выберите правильный вариант.

1. Питер … .
   а) студент
   б) журналист
   в) путешественник

2. Питер хочет работать в … .
   а) Африке
   б) Англии
   в) России

3. Летом каникулы продолжаются … .
   а) один месяц
   б) два месяца
   в) три месяца

4. Родители Питера живут в ... .
   а) Африке
   б) Англии
   в) России

5. Питер ... к родителям.
   а) поедет
   б) не поедет
   в) может быть, поедет

Часть II. ДЛЯ ПРЕПОДАВАТЕЛЯ

ЭЛЕМЕНТАРНЫЙ УРОВЕНЬ

УРОК 1

Задание 1. **Слушайте, повторяйте, пишите последнюю фразу.**

Россия

Россия — страна

Россия — большая страна.

Дом

Мой дом

Это мой дом

Это мой новый дом.

Метро

Есть метро

У нас есть метро

У нас есть красивое метро.

Задание 2.

а) Пишите диктант.

Это Россия. Россия — моя страна. Вот Москва. Москва — большой и красивый город. Москва — это мой город. Тут мой дом.

б) Выберите правильный вариант.

1. Россия — это ... .
   а) страна
   б) город
   в) дом

2. Москва — это ... .
   а) страна
   б) город
   в) дом

3. Мой дом ... .
   а) это
   б) вот
   в) тут

УРОК 2

Задание 1. **Слушайте, повторяйте, пишите последнюю фразу.**

Книга
Интересная книга
Ваша интересная книга
Вот ваша интересная книга.

Иван
Иван — человек
Иван — хороший человек
Наш Иван — хороший человек.

Маша
Маша — студентка
Маша — новая студентка
Маша — наша новая студентка.

Задание 2.

а) Пишите диктант.

У меня есть брат и сестра. Мой брат врач. А моя сестра актриса. Брат хороший врач. Сестра очень красивая актриса. А я ещё студент.

б) Выберите правильный вариант.

1. Мой брат ... .
   - а) студент
   - б) врач
   - в) актёр

2. Моя сестра ... .
   - а) студентка
   - б) врач
   - в) актриса

УРОК 3

Задание 1. **Слушайте, повторяйте, пишите последнюю фразу.**

ГУМ

ГУМ — магазин

ГУМ — это магазин

ГУМ — это дорогой магазин.

Семья

Семья смотрит

Семья смотрит фильм

Семья смотрит интересный фильм.

Ручка

У кого ручка

У кого есть ручка

У кого есть синяя ручка?

Задание 2.

а) Пишите диктант.

Вот Пётр и Ирина. Они муж и жена. Это семья. Пётр любит Ирину, Ирина любит Петра. Пётр работает, а Ирина нет. У них есть дети. Их зовут Катя и Коля. Они брат и сестра. Они очень любят маму и папу. Сейчас семья отдыхает, смотрит интересный фильм.

б) Выберите правильный вариант.

1. Пётр и Ирина ... .
   а) муж и жена
   б) брат и сестра
   в) папа и дочь

2. Пётр работает. ...
   а) да
   б) нет

3. Сейчас семья ... .
   а) читает
   б) отдыхает
   в) работает

УРОК 4

Задание 1. Слушайте, повторяйте, пишите последнюю фразу.

Друг
Мой друг
Мой друг любит
Мой друг любит читать.

Анна
Анна знает
Анна знает Ивана
Анна хорошо знает Ивана.

Кот
Кот любит
Кот любит играть
Его кот любит играть.

Задание 2.

а) Пишите диктант.

Меня зовут Катя. Я москвичка. Мой родной город — Москва. Москва — это столица России. Москва — большой и красивый город. Здесь есть театры, музеи, магазины, парки и сады. Главная площадь города — Красная площадь. Главный театр — это Большой театр. Символ города — Кремль.

б) Выберите правильный вариант.

1. Москва — это … .
   а) театр
   б) площадь
   в) столица

2. Главный театр Москвы — … .
   а) Большой
   б) Красный
   в) Кремль

3. Символ города — … .
   а) Большой театр
   б) Красная площадь
   в) Кремль

УРОК 5

Задание 1. **Слушайте, повторяйте, пишите последнюю фразу.**

Пётр
Пётр видит

Пётр видит Ивана
Там Пётр видит Ивана.

Подруга
Подруга смотрит
Подруга смотрит фильм
Подруга смотрит хороший фильм.

Он
Он говорит
Он говорит по-английски
Он отлично говорит по-английски.

Задание 2.

а) Пишите диктант.

Это мой друг. Его зовут Игорь. Игорь инженер. Он очень любит читать. Игорь читает всё время. Он читает романы, стихи, газеты, словари. Он читает по-русски, по-английски, по-испански. Он говорит: «Знать языки — это очень хорошо!» Какой Игорь молодец!

б) Выберите правильный вариант.

1. Игорь — мой ... .
   а) брат
   б) друг
   в) отец

2. Игорь знает ... .
   а) испанский язык
   б) французский язык
   в) немецкий язык

3. Знать языки — ... .
   а) хорошо
   б) нормально
   в) плохо

УРОК 6

Задание 1. **Слушайте, повторяйте, пишите последнюю фразу.**

Цветы
Красивые цветы
Какие красивые цветы
Какие здесь красивые цветы!

Карандаш
Чёрный карандаш
Этот чёрный карандаш
Чей этот чёрный карандаш?

Он
Он любит
Он любит гулять
Он любит гулять один.

Задание 2.

а) Пишите диктант.

Это новый студент. Его зовут Джеймс. Он англичанин. Джеймс знает физику, химию, историю. Он любит спорт и много читает. Он думает, что понимает жизнь и много знает. Он говорит: «Я знаю всё. Я понимаю всё. Я люблю прогресс!»

б) Выберите правильный вариант.

1. Джеймс — ... .
   а) физик
   б) студент
   в) историк

2. Джеймс — ... .
   а) молодой человек
   б) старый человек
   в) профессор

3. Джеймс ... .

  а) много знает

  б) думает, что много знает

  в) ничего не знает

УРОК 7

Задание 1. Слушайте, повторяйте, пишите последнюю фразу.

Вы

Вы живёте

Вы живёте в Москве

Вы живёте в Москве или в Берлине?

В Париже

В Париже тепло

В Париже сейчас тепло

В Париже сейчас тепло или холодно?

В Пекине

В Пекине площадь

В Пекине есть площадь

В Пекине есть большая площадь?

Задание 2.

  а) Пишите диктант.

Привет, Марк! Я сейчас живу в Москве. В Москве зима. На улице снег и очень холодно. Моя семья живёт в Мадриде. Там сейчас не холодно. Ты знаешь, что моя сестра живёт в Африке, в Египте. Там очень тепло. А где ты сейчас живёшь? Какая там погода? Пока. Твой друг Боб.

  б) Выберите правильный вариант.

  1. Боб сейчас живёт ... .

    а) в Москве

    б) в Мадриде

    в) в Египте

2. В Москве сейчас ... .
   а) тепло
   б) не холодно
   в) холодно

3. Погода в Египте ... .
   а) тёплая
   б) нехолодная
   в) холодная

УРОК 8

Задание 1. Слушайте, повторяйте, пишите последнюю фразу.

Зима

Зима и снег

В Москве зима и снег

В январе в Москве зима и снег.

Анна

Анна работает

Анна работает в банке

Анна работает в Центральном банке.

Лида

Лида любит

Лида любит отдыхать

Лида любит отдыхать на море.

Задание 2.

а) Пишите диктант.

Пётр живёт и работает в Риге. Он живёт на улице Парковая и работает в банке. Пётр бизнесмен. Каждое утро он слушает радио. Пётр хочет знать, какая погода в Риге. Когда погода тёплая и хорошая, Пётр идёт на работу пешком. Когда погода плохая и холодная, он едет на машине. Сегодня в Риге минус 20. Это очень холодно.

б) Выберите правильный вариант.

1. Пётр работает _____.
   а) в банке
   б) на радио
   в) в парке

2. Пётр идёт на работу пешком, когда погода _____.
   а) холодная
   б) плохая
   в) тёплая

3. Сегодня в Риге _____.
   а) холодно
   б) тепло
   в) жарко

УРОК 9

Задание 1. Слушайте, повторяйте, пишите последнюю фразу.

Лена
Лена была в театре
Вчера Лена была в театре
Вчера Лена была в Большом театре.

Иван
Иван играл
Иван играл в теннис
Раньше Иван играл в теннис.

Коля
Коля играет
Коля играет на гитаре
Сейчас Коля играет на гитаре.

Задание 2.

а) Пишите диктант.

Вчера я была в теннисном клубе. Я играла в теннис. Это мой любимый вид спорта. Ещё я люблю музыку. Я люблю слушать музыку и играть на пианино. Сегодня днём в моей школе был концерт. На концерте я играла музыку Моцарта. Мои друзья были на концерте и слушали. Они сказали, что я играла очень хорошо.

б) Выберите правильный вариант.

1. Вчера я … .
   а) слушала музыку
   б) играла на пианино
   в) играла в теннис

2. Концерт был … .
   а) вчера
   б) сегодня утром
   в) сегодня днём

3. Друзья были … .
   а) в теннисном клубе
   б) на концерте
   в) на стадионе

УРОК 10

Задание 1. **Слушайте, повторяйте, пишите последнюю фразу.**

Я
Я иду
Я иду в парк
Сейчас я иду в парк.

Максим
Максим ходит

Максим ходит на стадион
Иногда Максим ходит на стадион.

Лиза
Лиза была в музее
Вчера Лиза была в музее
Вчера Лиза была в новом музее.

Задание 2.

a) Пишите диктант.

В среду вечером Анна ездила в гости. Туда она ехала на такси. В гостях было очень интересно. Друзья смотрели новые фильмы и много говорили. Сегодня пятница, и Анна идёт на работу. Она работает весь день. Анна преподаватель. В субботу она едет на дачу. На даче Анна отдыхает.

б) Выберите правильный вариант.

1. В среду Анна была ... .
   а) в гостях
   б) на даче
   в) на работе

2. В гостях было ... .
   а) скучно
   б) неинтересно
   в) интересно

3. На даче Анна ... .
   а) работает
   б) смотрит фильмы
   в) отдыхает

УРОК 11

Задание 1. Слушайте, повторяйте, пишите последнюю фразу.

Ты
Ты ходишь

Ты ходишь в театр
Ты иногда ходишь в театр?

Автор
Автор пишет
Автор пишет рассказ
Автор пишет рассказ о любви.

Том
Том ездит
Том ездит на рынок
Том ездит на рынок на метро.

Задание 2.

а) Пишите диктант.

Марк писатель. Он пишет маленькие и большие рассказы. Он пишет рассказы о городах, о природе, о жизни. Его рассказы очень интересные. Я читал его рассказы о море, о солнце, о цветах. Я говорю: «Марк! Ты отличный писатель!»

б) Выберите правильный вариант.

1. Марк пишет ... .
   а) романы
   б) рассказы
   в) стихи

2. Я читал рассказы Марка ... .
   а) о городах
   б) о жизни
   в) о море

3. Я думаю, что Марк ... .
   а) плохой писатель
   б) неплохой писатель
   в) очень хороший писатель

УРОК 12

Задание 1. Слушайте, повторяйте, пишите последнюю фразу.

Где
Где метро
Где станция метро
Где здесь станция метро?

Человек
Человек идёт
Человек идёт налево
Человек идёт налево и прямо.

Ира
Ира читает
Ира читает книгу
Ира читает книгу о спорте.

Задание 2.

а) Пишите диктант.

В субботу Марк ходил в библиотеку. Там он читал книгу о Москве. Это очень интересная книга. В книге есть красивые фотографии. Марк узнал, что Москва — столица большой страны — России. В Москве есть парки, сады, красивые улицы. Марк хочет увидеть всё это, поэтому в понедельник он едет в Москву.

б) Выберите правильный вариант.

1. Марк был в библиотеке в ... .
   а) субботу
   б) воскресенье
   в) понедельник

2. В библиотеке Марк ... .
   а) смотрел фотографии
   б) читал книгу
   в) слушал диск

3. В понедельник Марк ... .
   а) идёт в Москву
   б) едет в Москву
   в) читает о Москве

УРОК 13

Задание 1. **Слушайте, повторяйте, пишите последнюю фразу.**

Марина
Марина хочет
Марина хочет купить
Марина хочет купить яблоки.

Они
Они хотят
Они хотят гулять
Они хотят гулять в парке.

Андрей
Андрей может
Андрей может читать
Андрей может читать по-испански.

Задание 2.

а) Пишите диктант.

Ирина домохозяйка. У неё много домашних дел. Сегодня Ирина должна купить мясо, рыбу, молоко, фрукты и хлеб. Она идёт в магазин. В этом магазине есть хлеб, молоко и рыба, но нет мяса и фруктов. Ирина едет на рынок. Она едет на автобусе. На рынке она хочет купить мясо и фрукты.

б) Выберите правильный вариант.

1. В магазине нет ... .
   а) рыбы
   б) мяса
   в) хлеба

2. На рынок Ирина ... .
   а) едет на автобусе
   б) едет на метро
   в) идёт пешком

3. На рынке Ирина купит ... .
   а) рыбу
   б) мясо
   в) молоко

УРОК 14

Задание 1. **Слушайте, повторяйте, пишите последнюю фразу.**

Число
Какое число
Какое сегодня число?

Первое
Первое марта
Сегодня первое марта.

Алекс
Алекс приехал
Алекс приехал с Кубы.

Задание 2.

а) Пишите диктант.

Сегодня Восьмое марта. Это праздник, поэтому я не работаю. Я спал долго, девять часов. Утром я ходил в магазин. В магазине купил цветы, потому что вечером иду в гости. Сейчас день, и я хочу поехать в музей. В музее новая выставка. Из музея я приеду домой, возьму цветы и поеду в гости. А завтра я буду работать. Да, я забыл сказать, что меня зовут Степан.

б) Выберите правильный вариант.

1. Степан идёт в гости ... .
   а) утром
   б) днём
   в) вечером

2. Сейчас ... .
   а) весна
   б) лето
   в) осень

3. Днём Степан пойдёт в музей на выставку. ...
   а) да
   б) нет

УРОК 15

Задание 1. **Слушайте, повторяйте, пишите последнюю фразу.**

Антон
Антон смотрит
Антон смотрит фильм
Сейчас Антон смотрит фильм.

Анна
Анна посмотрит
Анна посмотрит этот фильм
Анна посмотрит этот фильм потом.

Борис
Борис говорит
Борис говорит по-немецки
Борис хорошо говорит по-немецки.

Задание 2.

а) Пишите диктант.

Джон приехал из Англии. В Англии живёт его семья. Семья Джона живёт в Лидсе. Лидс небольшой и не очень красивый город, но в нём есть университет. Раньше Джон учился там. Утром он учился в университете, а потом шёл из университета сразу домой. В университете Лидса Джон изучал русский и французский языки. Сейчас Джон живёт и учится в Москве. Он много говорит по-русски. В Москве Джон из университета идёт в музей, на выставку, в гости. В следующем году Джон будет учиться в Париже.

б) Выберите правильный вариант.

1. Семья Джона живёт в ... .
   а) Лидсе
   б) Москве
   в) Париже

2. В Лидсе Джон изучал ... язык.
   а) английский
   б) русский
   в) немецкий

3. В Москве из университета Джон идёт ... .
   а) домой
   б) в гости
   в) в театр

БАЗОВЫЙ УРОВЕНЬ

УРОК 16

Задание 1. **Слушайте, повторяйте, пишите последнюю фразу.**

Виктор
Виктор спит
Виктор спит восемь часов
Ночью Виктор спит восемь часов.

Елена
Елена встаёт
Елена встаёт в семь часов
В среду Елена встаёт в семь часов.

У Антона
У Антона нет магнитофона
У Антона нет большого магнитофона.

Задание 2.

а) Пишите диктант.

В субботу Николай встал в восемь часов утра. Он пошёл в магазин, потому что у него не было кофе, молока, хлеба и сыра. Потом он пошёл домой. Дома Николай позавтракал. После завтрака в 10 часов он поехал в интернет-кафе. Николай ехал туда на автобусе, потому что у него нет машины. В интернет-кафе он работал 30 минут.

б) Выберите правильный вариант.

1. Николай встал в ... .
   а) восемь часов
   б) восемь часов 30 минут
   в) десять часов

2. В интернет-кафе Николай ходил пешком. ...
   а) да
   б) нет

3. В интернет-кафе Николай ... .
   а) завтракал
   б) работал
   в) отдыхал

УРОК 17

Задание 1. Слушайте, повторяйте, пишите последнюю фразу.

Катя

Катя подарила

Катя подарила маме

Катя подарила маме цветы.

Люся

Люся купила

Люся купила хлеб

Люся купила хлеб в магазине.

Юра

Юра пойдёт

Юра пойдёт к другу

Юра пойдёт к другу в субботу.

Задание 2.

а) Пишите диктант.

Маша любит весну, потому что весной хорошая погода. Весной много солнца и уже тепло. В мае Маша любит гулять в парке. В парке много цветов и птиц. Маша любит слушать, как поют птицы. Она говорит, что они очень красиво поют.

б) Выберите правильный вариант.

1. В парке Маша ... .
   а) поёт
   б) гуляет
   в) работает

2. Птицы в парке ... .
   а) поют
   б) гуляют
   в) слушают

3. Весной много ... .
   а) дождя
   б) солнца
   в) ветра

УРОК 18

Задание 1. **Слушайте, повторяйте, пишите последнюю фразу.**

Открой
Открой окно
Открой окно, на улице
Открой окно, на улице весна.

Не открывай
Пожалуйста, не открывай
Пожалуйста, не открывай окно
Пожалуйста, не открывай окно, ещё холодно.

Посмотри
Посмотри фильм
Посмотри этот фильм
Посмотри вечером этот фильм.

Задание 2.

а) Пишите диктант.

Вчера Мария и Николай были с друзьями на выставке. Это была выставка современной фотографии. Эта выставка им понравилась. Мария увлекается фотографией. Она сама любит фотографировать. Мария любит фотографировать животных. А Николай больше интересуется спортом. Он отлично играет в футбол.

б) Выберите правильный вариант.

1. Мария и Николай были ... .
   а) на стадионе
   б) в зоопарке
   в) на выставке

2. Мария увлекается ... .
   а) фотографией
   б) футболом
   в) животными

3. Николай хорошо ... .
   а) фотографирует
   б) играет в футбол
   в) рисует

УРОК 19

Задание 1. Слушайте, повторяйте, пишите последнюю фразу.

Иван
Иван ушёл
Иван ушёл домой
Иван уже ушёл домой.

Вам
Вам надо
Вам надо доехать
Вам надо доехать до театра.

Вера
Зашла Вера
Ко мне зашла Вера
Вечером ко мне зашла Вера.

Задание 2.

а) Пишите диктант.

Клара и Карл приехали в Москву вчера. Они выехали из Бонна в 9 часов вечера. В Москве они были уже на следующий день. От вокзала до гостиницы они доехали на такси. Они пришли в свой номер, оставили вещи и пошли в ресторан. Ресторан находится недалеко. Им нужно только перейти Тверскую площадь.

б) Выберите правильный вариант.

1. Клара и Карл живут в … .
   а) Москве
   б) Бонне
   в) Твери

2. Сейчас Клара и Карл в … .
   а) Москве
   б) Бонне
   в) Твери

3. Ресторан находится … .
   а) на вокзале
   б) в гостинице
   в) около площади

УРОК 20

Задание 1. Слушайте, повторяйте, пишите последнюю фразу.

Николай
Николай курит

Николай много курит
Николай много курит, — это вредно.

Анна
Анна любит
Анна любит ходить
Анна любит ходить пешком.

Карл
Карл занимается
Карл занимается спортом
Днём Карл занимается спортом.

Задание 2.

а) Пишите диктант.

Обычно Антон приходит на работу вовремя. Но сегодня он опоздал. Антон опоздал, потому что зашёл к сестре. Ему нужна была книга. Сестра вышла в магазин. И Антон ждал её 15 минут. Когда она пришла, Антон взял нужную книгу и поехал на работу. На сколько опоздал Антон?

б) Выберите правильный вариант.

1. Сегодня на работу Антон ... .
   а) пришёл вовремя
   б) опоздал
   в) не пришёл

2. Антон ждал сестру, потому что она ... .
   а) вышла
   б) ушла
   в) не пришла

3. Антон опоздал на ... .
   а) 5 минут
   б) 10 минут
   в) 15 минут

УРОК 21

Задание 1. **Слушайте, повторяйте, пишите последнюю фразу.**

Лиза

Лиза учится

Лиза учится в университете

Лиза учится в Московском университете

Сейчас Лиза учится в Московском университете.

Мы

Мы были

Мы были на площади

Мы были на Красной площади

В пятницу мы были на Красной площади.

Адлер

Город Адлер

Город Адлер — на море

Город Адлер — на Чёрном море.

Задание 2.

а) Пишите диктант.

Игорь приезжал в Москву в прошлом году. Он весь год учился в Московском университете. Игорь изучал химию и математику. В свободное время он бывал в Кремле, в Большом театре, на Красной площади. Жил Игорь на квартире, на Ленинском проспекте, на пятом этаже. Сейчас он уже уехал домой. Семья Игоря живёт в Архангельске на Белом море. В следующем году Игорь хочет поехать отдыхать в Сочи.

б) Выберите правильный вариант.

1. Игорь приехал в Москву ... .
   а) в прошлом году
   б) в этом году
   в) год назад

2. В свободное время Игорь бывал на ... .
   а) Ленинском проспекте
   б) Белом море
   в) Красной площади

3. Семья Игоря живёт в ... .
   а) Москве
   б) Архангельске
   в) Сочи

УРОК 22

Задание 1. Слушайте, повторяйте, пишите последнюю фразу.

Группа
Наша группа
Наша группа пойдёт
Наша группа пойдёт в театр
Наша группа пойдёт в музыкальный театр.

Он
Он ушёл
Сегодня он ушёл
Сегодня утром он ушёл
Сегодня утром он ушёл на работу.

Концерт
Будет концерт
Будет хороший концерт
Будет хороший концерт рок-музыки
В субботу будет хороший концерт рок-музыки.

Задание 2.

а) Пишите диктант.

Моя сестра Лида окончила школу, и в сентябре она поехала в Англию, в Лондон. Сейчас она учится на курсах в университете. Лида изучает английский язык, историю, литературу. Лида хочет очень хорошо знать английский язык. Каждый день она занимается в аудитории, а вечером — в библиотеке. Лиде нужно знать английский язык, потому что она хочет найти хорошую работу. В Англии она будет учиться год.

б) Выберите правильный вариант.

1. Раньше Лида училась … .
   а) в школе
   б) в университете
   в) на курсах

2. Каждый день Лида … .
   а) учится
   б) отдыхает
   в) работает

3. Лида — … .
   а) моя подруга
   б) моя сестра
   в) мой преподаватель

УРОК 23

Задание 1. Слушайте, повторяйте, пишите последнюю фразу.

В каком году
В каком году вы
В каком году вы родились
Скажите, в каком году вы родились?

Джон
Джон отдыхал
Джон отдыхал на море
Джон отдыхал на Красном море
Летом Джон отдыхал на Красном море.

Ира
Ира живёт

Ира живёт в городе
Ира живёт в большом городе
Ира живёт в большом и зелёном городе.

Задание 2.

а) Пишите диктант.

Аня и Катя встретились на «Маяковской». «Маяковская» — это станция метро. Она находится на Тверской улице. Подруги пошли в концертный зал. Там они слушали музыку русских композиторов. Раньше девушки много читали о русских композиторах и слушали их музыку на DVD. Теперь они послушали эту музыку в концертном зале, где играл московский оркестр.

б) Выберите правильный вариант.

1. «Маяковская» — это … .
   а) улица
   б) станция метро
   в) концертный зал

2. Аня и Катя — … .
   а) подруги
   б) сёстры
   в) студентки

3. В концертном зале девушки … .
   а) читали о русских композиторах
   б) слушали диски
   в) слушали оркестр

УРОК 24

Задание 1. **Слушайте, повторяйте, пишите последнюю фразу.**

Таня
Таня была

Таня была на море
Таня была на море в прошлом году
Таня была на Белом море в прошлом году.

Иван
Мой друг Иван
Мой друг Иван едет
Мой друг Иван едет в Сочи
Мой друг Иван едет в Сочи на следующей неделе.

Катя
Моя подруга Катя
Моя подруга Катя отдыхает
Моя подруга Катя на этой неделе отдыхает
Моя подруга Катя на этой неделе отдыхает на даче.

Задание 2.

а) Пишите диктант.

В прошлом году Олег ездил на Белое море. В этом году он хочет по-ехать на Красное море в Египет. И у него есть хорошая идея побывать на озере Байкал в следующем году. Байкал — это самое глубокое озеро в мире. Оно находится в России. Каждый год Олег ездит в разные интересные места. Он очень любит путешествовать.

б) Выберите правильный вариант.

1. Байкал — это ... .
   а) озеро
   б) море
   в) река

2. В Египте находится ... .
   а) Белое море
   б) Красное море
   в) озеро Байкал

3. На Белое море Олег ... .
   а) ездил в прошлом году
   б) поедет в этом году
   в) поедет в следующем году

УРОК 25

Задание 1. Слушайте, повторяйте, пишите последнюю фразу.

Я
Я хочу
Я хочу, чтобы
Я хочу, чтобы Антон
Я хочу, чтобы Антон купил
Я хочу, чтобы Антон купил белый хлеб.

Катя
Катя попросила
Катя попросила Колю
Катя попросила Колю прочитать
Катя попросила Колю прочитать этот рассказ.

Толя
Толя хочет
Толя хочет увидеть
Толя хочет увидеть мир
Толя хочет увидеть весь мир.

Задание 2.

а) Пишите диктант.

На прошлой неделе мы ездили во Владимир. Владимир — это старинный русский город. Там много красивых и интересных мест. Мы уехали из Москвы в 8 часов утра. Приехали во Владимир в 11 часов. Около гостиницы «Русь» мы встретились с гидом и пошли смотреть город. В 14 часов у нас был обед. Потом мы послушали концерт русской народной музыки. После концерта наша группа поехала в Москву. В Москве мы были поздно вечером.

б) Выберите правильный вариант.

1. Мы ездили во Владимир ... .
   а) на экскурсию
   б) на концерт
   в) работать

2. Обед был в ... .
   а) в 14 часов
   б) в 11 часов
   в) в 8 часов

3. Группа приехала в Москву ... .
   а) утром
   б) днём
   в) вечером

УРОК 26

Задание 1. **Слушайте, повторяйте, пишите последнюю фразу.**

Директор
Директор ушёл
Директор уже ушёл
Директор уже ушёл домой.

Туристы
Туристы объехали
Туристы объехали всю страну
В прошлом году туристы объехали всю страну.

Машина
Машина выехала

Машина директора выехала
Машина директора выехала рано утром.

Задание 2.

а) Пишите диктант.

Россия — это очень большая и красивая страна. Столица России — Москва. Москва — это центр науки и культуры. Но в России много разных городов. Например, на севере находится Мурманск. Там длинная и холодная зима, а лето очень короткое. На юге России есть город Анапа. Этот город находится на Чёрном море. Зимой там тепло, а летом жарко.

б) Выберите правильный вариант.

1. Мурманск находится ... России.
   а) в центре
   б) на севере
   в) на юге

2. Длинная и холодная зима в ... .
   а) Москве
   б) Мурманске
   в) Анапе

3. Анапа — это ... .
   а) город
   б) страна
   в) море

УРОК 27

Задание 1. Слушайте, повторяйте, пишите последнюю фразу.

Лида
Лида любит
Лида любит пироги
Лида любит пироги с яблоками.

Юра
Юра увлекается
Юра увлекается спортом
Брат Юра увлекается спортом
Мой брат Юра увлекается спортом.

Майя
Майя поёт
Майя поёт в театре
Майя поёт в Большом театре
Майя давно поёт в Большом театре.

Задание 2.

а) Пишите диктант.

Вчера мы с другом ходили в оперный театр. Там мы слушали известную оперу «Царская невеста», о которой нам рассказывали наши русские друзья. Артисты пели отлично. Костюмы были очень красивые. Мы с удовольствием послушали эту оперу. Завтра мы пойдём в музыкальный театр, о котором мы узнали сегодня. Там мы будем смотреть современный балет.

б) Выберите правильный вариант.

1. Они были в ... .
   а) оперном театре
   б) музыкальном театре
   в) Большом театре

2. Опера им понравилась. ...
   а) да
   б) нет

3. Завтра они будут ... .
   а) смотреть спектакль
   б) слушать оперу
   в) смотреть балет

УРОК 28

Задание 1. **Слушайте, повторяйте, пишите последнюю фразу.**

Юля

Юля полетит

Юля полетит в Лондон

Завтра Юля полетит в Лондон

Завтра вечером Юля полетит в Лондон.

Юра

Юра принёс

Юра принёс книги

Юра принёс книги из библиотеки

Юра принёс книги из библиотеки домой.

Саша

Саша отвёз

Саша отвёз брата

Саша отвёз старшего брата

Саша отвёз старшего брата на работу.

Задание 2.

а) Пишите диктант.

Раньше у Бориса не было машины. Борис много ходил пешком. В магазины и на работу он ездил на метро, автобусе и трамвае. Борис никогда не думал о машине. Она была не нужна ему. Но однажды Борису нужно было лететь в Рим. Самолёт улетал очень рано, в 6 часов утра. Борис заказал такси. Это было очень дорого и не очень удобно. И Борис решил купить машину. Теперь у него есть машина. Борис ездит сам и возит своих друзей. Он хороший водитель и друг.

б) Выберите правильный вариант.

1. Борис много ... .
   а) ходил пешком
   б) ездил на машине
   в) летал на самолёте

2. В аэропорт Борис поехал на ... .
   а) автобусе
   б) машине
   в) такси

3. Борис хорошо водит машину. ...
   а) да
   б) нет

УРОК 29

Задание 1. **Слушайте, повторяйте, пишите последнюю фразу.**

Николай
Николай встретил
Николай встретил друга
Николай встретил старого друга
Николай встретил старого друга на стадионе.

Олег
Олег посмотрел
Олег посмотрел комедию
Олег посмотрел новую комедию
Вчера Олег посмотрел новую комедию.

Оля
Оля ждёт
Оля ждёт бабушку
Оля ждёт свою бабушку
Оля ждёт свою любимую бабушку.

Задание 2.

а) Пишите диктант.

Максим — турист. Он прилетел в большой и современный город. Максим плохо знает этот город. Он мало читал о нём. Максим поехал в центр города. Там в небольшом книжном магазине он купил хорошую карту города, красивый альбом и интересную книгу. В кафе Максим встретил молодого человека. Они познакомились. Молодой человек живёт в этом городе и работает водителем. Он показал Максиму свой город и рассказал о нём.

б) Выберите правильный вариант.

1. Максим прилетел в ... город.
   а) большой
   б) небольшой
   в) маленький

2. Максим ... этот город.
   а) плохо знает
   б) хорошо знает
   в) не знает

3. Новый друг Максима — ... .
   а) турист
   б) водитель
   в) продавец

УРОК 30

Задание 1. Слушайте, повторяйте, пишите последнюю фразу.

Фильм
Фильм понравился
Этот фильм понравился
Этот фильм понравился Игорю
Этот фильм очень понравился Игорю.

Шао
Шао говорит
Шао говорит по телефону

Шао говорит по телефону с Чао
Шао долго говорит по телефону с Чао.

Олег
Олег знает
Олег знает друзей
Олег знает друзей Ольги
Олег знает всех друзей Ольги.

Задание 2.

а) Пишите диктант.

Мао — это наш новый друг. Он пригласил нас в гости. Он живёт в небольшом городе Истре. Мы ездили к нему в гости и привезли большой торт. Мао приготовил очень вкусные бутерброды. Он сделал бутерброды с сыром, с овощами, с мясом. Все вместе мы готовили салаты. Еды было много. Мы ели и разговаривали. Мао рассказал нам о своём родном городе Пекине. Потом мы вышли в сад и сфотографировались. Вечером мы вернулись домой в Москву. Всё это было в прошлом году. Сейчас я смотрю на фотографию и вспоминаю своих друзей и Мао.

б) Выберите правильный вариант.

1. Мао приготовил _____.
   а) торт
   б) салат
   в) бутерброды

2. Родной город Мао _____.
   а) Москва
   б) Пекин
   в) Истра

3. Друзья ездили в гости _____.
   а) в прошлом году
   б) в этом году
   в) вчера

УРОК 31

Задание 1. Слушайте, повторяйте, пишите последнюю фразу.

Иван,

Иван, приходи

Иван, приходи завтра

Иван, приходи завтра ко мне

Иван, приходи завтра ко мне в гости!

Таня

Таня, возьми

Таня, возьми салат

Таня, возьми салат с помидорами

Таня, возьми этот салат с помидорами.

Максим

Максим, отнеси

Максим, отнеси книгу

Максим, отнеси эту книгу

Максим, отнеси эту книгу в библиотеку.

Задание 2.

а) Пишите диктант.

Я не видел своего друга год. Он уезжал работать в Италию. В марте он приехал, и мы встретились. Я пригласил его в гости. Я показал ему фотографии, рассказал, что делал год. Потом он пригласил меня в итальянский ресторан. Там мы хорошо и вкусно пообедали. Мой друг рассказал мне о своей жизни в Италии. Там он познакомился с интересными людьми. Моему другу очень понравился его коллега Марк. Завтра мы идём с другом в театр. Мы будем смотреть известный и красивый балет.

б) Выберите правильный вариант.

1. В Италию ездил … .
   а) автор
   б) друг автора
   в) Марк

2. Автор пригласил друга в ... .
   а) гости
   б) ресторан
   в) театр

3. Друг был в Италии ... .
   а) день
   б) месяц
   в) год

УРОК 32

Задание 1. Слушайте, повторяйте, пишите последнюю фразу.

Лена
Лена смотрела
Лена смотрела балет
Вчера Лена смотрела балет
Вчера Лена смотрела классический балет.

Мама
Мама посмотрела
Мама посмотрела фильм
Мама посмотрела новый фильм
Вчера мама посмотрела новый фильм.

Брат
Брат покупает
Брат покупает газеты
Брат всегда покупает газеты
Брат всегда покупает газеты около метро.

Задание 2.

а) Пишите диктант.

Вчера утром мы посмотрели в кинотеатре старую комедию. Мы смотрели фильм два часа. После фильма мы долго говорили о нём. Мой друг сказал, что он никогда не видел таких весёлых фильмов. Вечером мы рассказали о фильме Анне, которую встретили на дискотеке. Анна тоже хочет посмотреть эту комедию. Она купит видеокассету и будет смотреть фильм завтра днём дома.

б) Выберите правильный вариант.

1. Друзья посмотрели фильм … .
   а) в кинотеатре
   б) на дискотеке
   в) дома

2. Друзья встретили Анну … .
   а) утром
   б) вечером
   в) днём

3. Анна … фильм.
   а) смотрела
   б) смотрит
   в) будет смотреть

УРОК 33

Задание 1. Слушайте, повторяйте, пишите последнюю фразу.

Пётр
Пётр учится
Пётр учится в школе
Пётр учится в английской школе
Ваш друг Пётр учится в английской школе?

Художник
Известный художник
Известный художник учит
Известный художник учит Ивана
Известный художник учит Ивана рисовать.

Театр
Театр откроется
Большой театр откроется
Большой театр откроется через год
Большой театр откроется через год, осенью.

Задание 2.

а) Пишите диктант.

Вчера Алла и Антон ходили в кино. Они смотрели французский фильм. Фильм начался в 5 часов дня, а кончился в 7 часов вечера. После фильма Алла и Антон пошли с друзьями в новый японский ресторан. Этот ресторан открылся на прошлой неделе. Друзья ещё не были в этом ресторане. Они попробовали разные блюда. Было очень вкусно. Все блюда готовились поварами, которые приехали из Японии. Антон пригласил Аллу пойти на следующей неделе в китайский цирк. Алла согласилась.

б) Выберите правильный вариант.

1. Алла и Антон смотрели ... фильм.
   а) китайский
   б) японский
   в) французский

2. Ресторан начал работать ... .
   а) на прошлой неделе
   б) вчера
   в) сегодня

3. В ресторане работают повара из ... .
   а) Франции
   б) Японии
   в) Китая

УРОК 34

Задание 1. **Слушайте, повторяйте, пишите последнюю фразу.**

Наташа

Наташа плавала

Наташа плавала на корабле

Наташа плавала на корабле по Волге

Летом Наташа плавала на корабле по Волге.

Друзья

Друзья летали

Друзья летали в Египет

Друзья летали в Египет на неделю

Зимой друзья летали в Египет на неделю.

Марина

Марина будет учиться

Марина будет учиться в Англии

Марина будет учиться в Англии год

Марина будет учиться в Англии целый год.

Задание 2.

а) Пишите диктант.

Игорь ездил в Новгород на три дня. Новгород — это старинный русский город. Игорь давно хотел посмотреть этот город. Туда он ехал одну ночь на поезде. В Новгороде он жил в центре города, в гостинице. Это было очень удобно. Игорь везде ходил пешком. Он купил билеты на экскурсию в Кремль и на прогулку по реке. Экскурсия и прогулка ему очень понравились. Домой Игорь вернулся на автобусе. Сейчас он советует всем своим друзьям поехать и посмотреть этот город.

б) Выберите правильный вариант.

1. Игорь был в Новгороде ... .
   а) один день
   б) два дня
   в) три дня

2. В Новгород Игорь приехал ... .
    а) на поезде
    б) на автобусе
    в) по реке

3. В Новгороде Игорь ... .
    а) ездил на автобусе
    б) ходил пешком
    в) ездил на машине

УРОК 35

Задание 1. **Слушайте, повторяйте, пишите последнюю фразу.**

Кто-то
Кто-то звонил
Кто-то звонил тебе
Кто-то звонил тебе час назад.

Где-нибудь
Где-нибудь можно
Где-нибудь можно купить
Где-нибудь можно купить словарь?

Кое-кто
Кое-кто спрашивал
Кое-кто спрашивал о тебе
Кое-кто спрашивал о тебе вчера.

Задание 2.

а) Пишите диктант.

Студенты нашей группы хотели вместе поехать куда-нибудь. Мы долго думали, куда поехать. Кто-то хотел пойти в музей, кто-то хотел поехать во Владимир. Мы посоветовались и решили поехать в Измайловский парк. Сейчас весна, погода хорошая. В парке можно гулять и разговаривать, купить сувениры. Сначала все были согласны и сказали, что это хорошая идея. Но потом кое-кто не поехал с нами, а пошёл в интернет-кафе.

б) Выберите правильный вариант.

1. Группа хотела поехать … .
   а) во Владимир
   б) в парк
   в) куда-нибудь

2. Группа решила поехать в … .
   а) парк
   б) музей
   в) интернет-кафе

3. В интернет-кафе … .
   а) пошёл Владимир
   б) пошёл кое-кто
   в) пошла вся группа

УРОК 36

Задание 1. **Слушайте, повторяйте, пишите последнюю фразу.**

Маша
Маша живёт
Маша живёт около театра
Маша живёт около Малого театра
Моя подруга Маша живёт около Малого театра.

Музей
Музей находится
Музей находится напротив площади
Музей находится напротив Красной площади
Этот музей находится напротив Красной площади.

Дима

Дима отдыхал

Дима отдыхал в деревне

Дима отдыхал в деревне недалеко от моря

Дима отдыхал в деревне недалеко от Чёрного моря.

Задание 2.

а) Пишите диктант.

Петербург — большой и очень красивый город. Петербургу уже 300 лет. Основал этот город царь Пётр I. В центре Петербурга находится Эрмитаж. Вы знаете, что такое Эрмитаж? Эрмитаж — это всемирно известный музей. Недалеко от него находится другой интересный музей. Это Дом-музей русского поэта Александра Сергеевича Пушкина. В этом доме Пушкин жил с женой и детьми. Напротив Эрмитажа вы увидите красивую реку. Она называется Нева. В Петербурге много разных рек и каналов, но самая большая и известная — это Нева. Около Эрмитажа — большая площадь. Главная улица города называется Невский проспект.

б) Выберите правильный вариант.

1. Петербург основал ... .
   а) Пётр I
   б) Александр I
   в) Николай I

2. Дом-музей Пушкина ... Эрмитажа.
   а) около
   б) напротив
   в) недалеко от

3. Нева — это ... .
   а) озеро
   б) канал
   в) река

4. Главная улица Петербурга — это ... .
   а) Невский проспект
   б) улица А.С. Пушкина
   в) улица Петра I

УРОК 37

Задание 1. **Слушайте, повторяйте, пишите последнюю фразу.**

Ты

Ты уезжаешь

Ты завтра уезжаешь

Ты завтра уезжаешь на юг?

Ты завтра уезжаешь на юг? Счастливого пути!

Борщ

Этот борщ

Этот борщ вкусный

Этот борщ очень вкусный!

Этот борщ очень вкусный! Приятного вам аппетита!

Поздно

Поздно, уже ночь

Поздно, сейчас уже ночь

Поздно, сейчас уже ночь, 12 часов.

Поздно, сейчас уже ночь, 12 часов. Спокойной ночи.

Задание 2.

   а) Пишите диктант.

Аня живёт и работает в Москве. Москва — это её родной город. Аня работает в Историческом музее гидом. Аня очень хорошо знает мировую историю. Она работает с 10 часов утра до 6 часов вечера. Около её офиса находится кафе русской кухни «Ёлки-палки», поэтому Аня обедает там. В этом кафе можно заказать вкусные и недорогие блюда.

После работы Аня едет домой на метро. Живёт она около станции метро «Ленинский проспект». В выходные дни Аня любит гулять в парке недалеко от дома. Этот парк находится на берегу Москвы-реки, и там всегда красиво. Обычно Аня гуляет около двух часов.

б) Выберите правильный вариант.

1. Аня работает в ... .
   а) музее
   б) кафе
   в) метро

2. Исторический музей находится около ... .
   а) парка
   б) кафе
   в) метро

3. В выходные дни Аня любит ... .
   а) ходить в музей
   б) обедать в кафе
   в) гулять в парке

4. Аня работает до ... .
   а) 2 часов дня
   б) 6 часов вечера
   в) 10 часов утра

УРОК 38

Задание 1. **Слушайте, повторяйте, пишите последнюю фразу.**

Олег
Олег гулял
Олег гулял час
Олег гулял час по парку
Олег гулял час по парку Победы.

Муж
Муж и жена
Муж и жена ездят
Муж и жена ездят по магазинам
В субботу муж и жена ездят по магазинам.

Марико
Марико любит
Марико любит путешествовать
Марико любит путешествовать по городам
Марико любит путешествовать по русским городам.

Задание 2.

а) Пишите диктант.

Андрей пригласил нас в гости. У него завтра день рождения. Нашему хорошему другу будет 30 лет. Андрей любит путешествовать. И мы решили подарить ему интересный тур по русской реке Волге. Мы долго ходили по разным агентствам, но нигде не могли найти хороший и недорогой тур. В одних агентствах туры по Волге были очень дорогие, а в других — неинтересные. И мы купили Андрею тур по Чёрному морю. Андрей был очень рад нашему подарку.

б) Выберите правильный вариант.

1. Андрею ... .
   а) 30 лет
   б) 29 лет
   в) 31 год

2. Друзья ... тур по реке Волге.
   а) купили
   б) не купили
   в) продали

3. Андрей будет путешествовать … .
   а) по Волге
   б) по Чёрному морю
   в) по русским городам

4. Подарок Андрею … .
   а) понравился
   б) не понравился
   в) очень понравился

УРОК 39

Задание 1. Слушайте, повторяйте, пишите последнюю фразу.

Я
Я хожу
По утрам я хожу
По утрам я хожу в бассейн
По утрам я хожу в школьный бассейн.

У Ивана
У Ивана есть
У Ивана есть три дяди
У Ивана есть три родных дяди
В Саратове у Ивана есть три родных дяди.

Дима
Дима слушает
Дима слушает концерт
Дима слушает концерт Баха
Дима слушает концерт Баха по радио.

Задание 2.

а) Пишите диктант.

По выходным семья Петровых ездит на дачу. В эти выходные из-за плохой погоды они не поехали туда. Петровы решили отдыхать дома.

Утром они долго спали. Потом каждый занимался своим любимым делом. Отец читал газету «Спортивные новости». Мама и бабушка смотрели испанский сериал по телевизору. Дедушка слушал джаз по радио. Дочь и сын играли с собакой и рисовали. Потом бабушка приготовила очень вкусный обед. А вечером вся семья пошла в кинотеатр, который находится недалеко от их дома. Там они смотрели современную комедию.

б) Выберите правильный вариант.

1. Обычно семья Петровых ездит на дачу ... .
   а) каждые выходные
   б) через выходные
   в) один раз в месяц

2. В эти выходные семья отдыхала ... .
   а) на стадионе
   б) на даче
   в) дома

3. Мама и бабушка смотрели по телевизору ... .
   а) сериал
   б) спортивные новости
   в) комедию

4. Обед приготовила ... .
   а) бабушка
   б) мама
   в) дочь

УРОК 40

Задание 1. **Слушайте, повторяйте, пишите последнюю фразу.**

Михаил

Михаил купил

Михаил купил альбом

Михаил купил интересный альбом
Благодаря другу Михаил купил интересный альбом.

Инна
Инна не пошла
Инна не пошла в театр
Инна не пошла в Малый театр
Из-за подруги Инна не пошла в Малый театр.

Другу
Моему другу
Моему старому другу
Моему старому другу 30 лет
Моему старому другу сегодня 30 лет.

Задание 2.

а) Пишите диктант.

Мы с друзьями хотим поехать на экскурсию в какой-нибудь старинный русский город. Мы пошли в турагентство. Там нам посоветовали поехать в Ярославль. В Ярославль можно ехать на поезде или на автобусе. Ещё можно плыть на корабле по реке Волге. На поезде надо ехать восемь часов, на автобусе — пять часов, а на корабле — три дня. Мы решили плыть на корабле, потому что так интереснее. Мы увидим много новых незнакомых мест. Мы сможем посмотреть и реку, и разные города на берегах реки.

б) Выберите правильный вариант.

1. Друзья хотели поехать ... .
   а) на какую-нибудь экскурсию
   б) в город Ярославль
   в) по реке Волге

2. На поезде в Ярославль надо ехать ... .
   а) три дня
   б) восемь часов
   в) пять часов

3. Друзья решили ... в Ярославль.
   а) ехать
   б) лететь
   в) плыть

4. Друзья будут плыть по реке Волге на корабле, потому что это ... .
   а) весело
   б) дёшево
   в) интересно

УРОК 41

Задание 1. Слушайте, повторяйте, пишите последнюю фразу.

Антон

Антон гордится

Антон гордится братом

Антон гордится старшим братом

Антон гордится своим старшим братом.

Ольга

Ольга любуется

Ольга любуется цветами

Ольга любуется весенними цветами

Ольга любуется весенними цветами в парке.

Татьяна

Татьяна повесила

Татьяна повесила на стену

Татьяна повесила на стену картину

Татьяна повесила на стену новую картину.

Задание 2.

   а) Пишите диктант.

Моя подруга Анна купила новый дом около леса. Она давно хотела жить рядом с Москвой. Анна пригласила меня в гости на новоселье.

Я долго думал, что ей подарить. Я решил подарить Анне картину. По-моему, это отличный подарок на новоселье. Мой подарок ей очень понравился. Она повесила картину в большой комнате.

Дом у Анны небольшой, но очень уютный. В доме есть всё. Под домом — хороший гараж. Перед домом — красивый сад. За домом — небольшое озеро. Из окон своего дома Анна может любоваться и садом, и озером.

б) Выберите правильный вариант.

1. Анна купила … .
   а) дом
   б) картину
   в) гараж

2. Дом Анны находится … .
   а) далеко от Москвы
   б) рядом с Москвой
   в) в Москве

3. Небольшое озеро … .
   а) под домом
   б) перед домом
   в) за домом

4. Из окон своего дома Анна может любоваться … .
   а) парком
   б) лесом
   в) озером

УРОК 42

Задание 1. Слушайте, повторяйте, пишите последнюю фразу.

Дима
Дима уехал
Вчера Дима уехал

Вчера Дима уехал в город

Вчера Дима уехал в родной город

Вчера Дима уехал в свой родной город.

Лиза

Лиза пишет

Иногда Лиза пишет письма

Иногда Лиза пишет письма подруге

Иногда Лиза пишет длинные письма подруге

Иногда Лиза пишет длинные письма своей подруге.

Мама

Мама угощает

Сегодня мама угощает

Сегодня мама угощает гостей

Сегодня мама угощает гостей тортом

Сегодня мама угощает гостей вкусным тортом.

Задание 2.

а) Пишите диктант.

Антон учился в Берлине. Берлин — это столица Германии. Антон учился там в университете. Он изучал немецкий язык и экономику. Немецкий язык очень трудный. Антон жил в Берлине целый год. Он уже неплохо говорит и читает по-немецки. Он хорошо понимал, что говорят немцы на улице, в магазине. У Антона много немецких друзей. Самый хороший друг — это Михаэль. Михаэль всегда и везде помогал Антону. Благодаря Михаэлю Антон отлично знает Берлин, его самые интересные места. Сейчас Антон и Михаэль пишут друг другу письма по Интернету. А в следующем году Михаэль приедет в Россию к Антону в гости.

б) Выберите правильный вариант.

1. Антон ... читает по-немецки.

   а) плохо

   б) неплохо

   в) отлично

2. У Антона ... немецких друзей.
   а) много
   б) мало
   в) нет

3. Михаэль ... помогал Антону.
   а) иногда
   б) часто
   в) всегда

4. Михаэль приедет в Россию ... .
   а) учиться
   б) в гости
   в) на экскурсию

УРОК 43

Задание 1. **Слушайте, повторяйте, пишите последнюю фразу.**

Фотография
Семейная фотография
Семейная фотография висит
Семейная фотография висит на стене
Семейная фотография висит на стене в комнате
Семейная фотография висит на стене в моей комнате.

На фотографии
На этой фотографии
На этой фотографии моя тётя
На этой фотографии моя тётя стоит
На этой фотографии моя тётя стоит рядом с дядей.

Передо мной на фотографии
Передо мной на фотографии сидит
Передо мной на фотографии сидит мой дядя
Передо мной на фотографии сидит мой любимый дядя.

Задание 2.

а) Пишите диктант.

Подруги Ира, Аня и Таня любят ходить по музеям. В Москве они были в музее имени Пушкина. В Пскове они ходили в псковскую картинную галерею. Недавно они ездили в Петербург. Когда подруги приехали туда, они пошли в Русский музей — музей русского искусства. Этот музей находится в центре Петербурга. В музее много интересного. На столах лежат старинные книги. На стенах висят картины русских художников. В залах стоят небольшие скульптуры. Подруги были в музее три часа. Они обошли весь музей. Ирине больше всего понравились картины, а Анне — старинные книги. Татьяне понравилось всё, но больше всего само здание музея. Подруги думают, что они ещё раз поедут в Петербург.

б) Выберите правильный вариант.

1. Подруги любят … .
   а) ходить по музеям
   б) ездить по городам
   в) рисовать картины

2. Русский музей находится в … .
   а) Москве
   б) Пскове
   в) Петербурге

3. Книги на столах … .
   а) лежат
   б) стоят
   в) висят

4. Ирине понравились … .
   а) скульптуры
   б) картины
   в) книги

УРОК 44

Задание 1. **Слушайте, повторяйте, пишите последнюю фразу.**

Здание

Это здание

Это старинное здание

Это красивое старинное здание

Это красивое старинное здание находится

Это красивое старинное здание находится в центре города.

Друг

Мой друг

Мой старый друг

Мой старый друг Иван Иванович

Мой старый друг Иван Иванович живёт в Пскове.

Игорь

Игорь играет

Игорь играет в оркестре

Игорь играет в джазовом оркестре

Игорь играет в большом джазовом оркестре

Игорь играет в большом джазовом оркестре на гитаре.

Задание 2.

а) Пишите диктант.

Олег и Ольга — муж и жена. У них хорошая дружная семья. Ольга работает директором ресторана. В этом ресторане можно попробовать русские и украинские блюда. Ольга сама хорошо готовит, особенно пирожки с капустой. Олег — инженер. Он работает на большом заводе. Его завод делает современные автомобили. Но у Ольги и Олега своей машины пока ещё нет. Живёт эта семья в небольшом городе недалеко от Москвы. А отдыхать Ольга и Олег любят на курорте, который находится около города Адлера. Они очень любят этот курорт, потому что познакомились там в доме отдыха.

б) Выберите правильный вариант.

1. Олег и Ольга — ... .
   а) муж и жена
   б) брат и сестра
   в) друзья

2. Ольга работает ... .
   а) в доме отдыха
   б) на заводе
   в) в ресторане

3. Ольга и Олег живут в ... .
   а) Адлере
   б) Москве
   в) небольшом городе

4. Ольга и Олег познакомились ... .
   а) в ресторане
   б) на заводе
   в) в доме отдыха

5. Курорт, где познакомились Олег и Ольга, находится около ... .
   а) Москвы
   б) Адлера
   в) небольшого города

УРОК 45

Задание 1. Слушайте, повторяйте, пишите последнюю фразу.

Это парк
Это парк, в котором
Это парк, в котором хорошо гулять
Это парк, в котором хорошо гулять с собакой.

Мои друзья
Мои друзья живут
Мои друзья живут в гостинице
Мои иностранные друзья живут в гостинице
Мои иностранные друзья живут в гостинице «Интурист».

Лида
Лида училась
Лида училась на курсах
Лида училась на курсах в университете
Лида училась на курсах в известном университете
Лида училась на курсах в известном университете в Лидсе.

Задание 2.

а) Пишите диктант.

Сергей Петров — молодой учитель. В прошлом году он окончил университет. Сейчас он работает в московской школе. Он преподаёт математику. В его классе 20 учеников. Каждый день Сергей приходит на работу в 9 часов утра, а уходит в 6 часов вечера. Сергей хочет, чтобы его ученики полюбили математику. Он помогает им понять решение сложных задач. В субботу и в воскресенье Сергей не работает. Он любит отдыхать в парке, который находится рядом с его домом. Когда он гуляет в парке, он мечтает, что когда-нибудь станет великим учёным-математиком.

б) Выберите правильный вариант.

1. Сергей Петров — ... .
   а) ученик
   б) учитель
   в) учёный

2. В классе Сергея Петрова ... .
   а) 6 учеников
   б) 9 учеников
   в) 20 учеников

3. В выходные дни Сергей ... .
   а) отдыхает
   б) работает
   в) решает задачи

4. Сергей Петров ... .
   а) изучает математику
   б) преподаёт математику
   в) интересуется математикой

5. Сергей мечтает стать ... .
   а) учёным
   б) учителем
   в) профессором

УРОК 46

Задание 1. **Слушайте, повторяйте, пишите последнюю фразу.**

Бабушка
Моя бабушка
Моя бабушка плохо видит
Моя бабушка плохо видит, поэтому
Моя бабушка плохо видит, поэтому она носит очки.

Олег
Олег видел
Олег уже видел
Олег уже видел этот фильм
Олег уже видел этот фильм в кинотеатре
Олег уже видел этот фильм в кинотеатре в прошлом месяце.

Ира
Ира смотрит
Ира смотрит балет

Ира смотрит классический балет
Ира смотрит классический балет дома
Ира смотрит классический балет дома по телевизору
Сейчас Ира смотрит классический балет дома по телевизору.

Задание 2.

а) Пишите диктант.

Питер учится в университете. Он изучает русский язык, литературу, журналистику. Он хочет стать журналистом и работать в московской газете. Питер хорошо говорит по-русски. Конечно, ведь он живёт и учится в Москве уже три года. У него много русских друзей и есть любимая русская девушка. Скоро каникулы. Как вы знаете, летом каникулы продолжаются два месяца. В июле Питер хочет работать в какой-нибудь газете, а в августе поехать путешествовать. Питер ещё не решил, куда поедет, но он знает точно, что на одну неделю поедет домой к родителям в Англию. А потом, может быть, будет путешествовать по Африке. Ведь в Европе он уже везде был.

б) Выберите правильный вариант.

1. Питер ... .
   а) студент
   б) журналист
   в) путешественник

2. Питер хочет работать в ... .
   а) Африке
   б) Англии
   в) России

3. Летом каникулы продолжаются ... .
   а) один месяц
   б) два месяца
   в) три месяца

4. Родители Питера живут в ... .
   а) Африке
   б) Англии
   в) России

5. Питер ... к родителям.
   а) поедет
   б) не поедет
   в) может быть, поедет

СОДЕРЖАНИЕ

Часть I. ДЛЯ СТУДЕНТОВ

Элементарный уровень

Базовый уровень

Часть II. ДЛЯ ПРЕПОДАВАТЕЛЯ

Элементарный уровень

Учебное издание

Пращук Наталья Игоревна

Сборник диктантов
для изучающих русский язык как иностранный
Элементарный и базовый уровни

Редактор: *М.В. Питерская*
Корректор: *В.К. Ячковская*
Компьютерная вёрстка: *Е.П. Бреславская*

Формат 70×90/16. Объём 8,5 п. л. Тираж 600 экз.
Подписано в печать 08.07.2014. Заказ 1118.

Издательство ЗАО «Русский язык». Курсы
125047, Москва, 1-я Тверская-Ямская ул., д. 18
Тел./факс: +7(499) 251-08-45; тел.: +7(499) 250-48-68
e-mail: rkursy@gmail.com; ruskursy@gmail.com;
russky_yazzyk@mail.ru; ruskursy@mail.ru
www.rus-lang.ru

Отпечатано в ОАО «Щербинская типография»
117623, Москва, ул. Типографская, д. 10
Тел.: (495) 659-23-27